La Répétition

Collection dirigée par Lidia Breda

Du même auteur
dans la même collection

Johannes Climacus, ou *Il faut douter de tout* (n° 223)
Crainte et Tremblement (n° 291)

Søren Kierkegaard

La Répétition

Essai de psychologie expérimentale

Traduit du danois
par Jacques Privat

Préface de Karl Ejby Poulsen

Rivages poche
Petite Bibliothèque

Couverture : D. R.

Titre original : *Gjentagelsen*

106, bd Saint-Germain – 75006 Paris

ISBN : 2-7436-1077-8
ISSN : 1158-5609

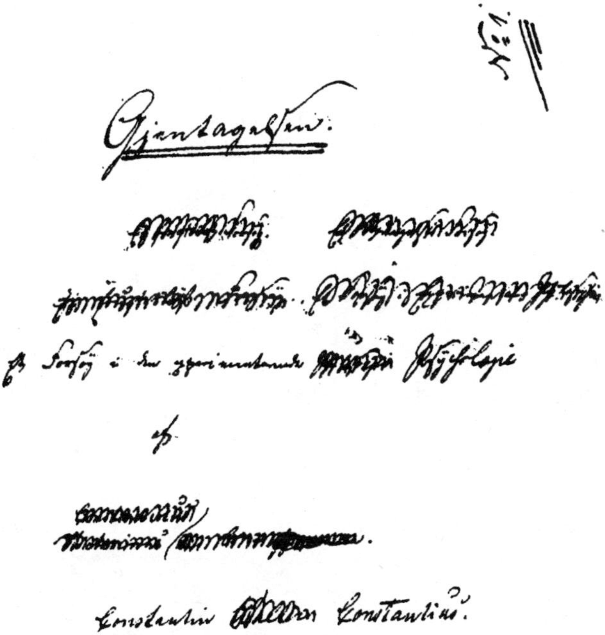

Page 1 du manuscrit de *La Répétition*

Préface

Bien que l'œuvre du philosophe danois Søren Kierkegaard (1813-1855) puisse paraître très abstraite et difficile à aborder, elle traite pourtant d'expériences humaines on ne peut plus réelles et concrètes. En particulier ses courtes fiançailles avec Regine Olsen, celle dont il ne prononcera jamais le nom – à peine dans les « Papirer », où il se contente de parler d'« elle » ou de « ce fait » – mais qui est néanmoins présente en filigrane dans chaque texte de sa main.

Kierkegaard est entre autres connu pour son opposition à la philosophie hégélienne qui, d'après lui, faisait abstraction de tout problème existentiel pour s'intéresser aux problèmes de la sphère sociale et historique. Kierkegaard, quant à lui, avait décidé une fois pour toutes que cette vie extérieure ne devait avoir aucune influence sur la vie de l'individu, car elle le priverait de sa liberté[1]*. En pleine rédaction de son livre* La Répétition *qui, initialement, était pensé comme une réponse philosophico-existentielle à cette même « extériorité » en la personne de Regine, Kierkegaard lut l'annonce dans le journal de ses fiançailles avec*

Frederik Schlegel. La réponse de Kierkegaard à cette intrusion, ce « coup de tonnerre » inattendu, fut cinq pages découpées du manuscrit du livre qui prit ainsi une tout autre direction que celle originalement conçue.

★

Les rapports entre Søren Kierkegaard et Regine Olsen s'inscrivent dans les plus belles histoires d'amour de l'histoire littéraire, où ils prennent place à côté des Tristan et Yseut, Abélard et Héloïse, Johannes Ewald et Arendse, Goethe et « Lotte » ... unis pour toujours par l'écriture parce que la vie le leur interdisait. C'est en 1840 que Kierkegaard demanda la main de la toute jeune (18 ans), belle et insouciante Regine Olsen, qu'il nomme Regina dans son journal. Regina, presque par distraction, ajouté après le texte – Reine de son cœur dont l'existence concrète est somme toute superflue. Elle est ce qu'elle signifie. Seulement, Kierkegaard n'a pas le cynisme de ce dernier pas.

Un an plus tard, elle rompit les fiançailles, forcée en quelque sorte par Kierkegaard et son comportement qui visaient cela même. Pour plusieurs raisons. Tout d'abord, il comprit vite que sa mélancolie, héritée de son père, allait peser trop lourdement sur Regine et l'empêcher d'être heureuse. Ensuite, une rupture des fiançailles était à l'époque un acte socialement lourd de conséquences pour une jeune fille. C'est pourquoi Kierkegaard décida d'en assumer la honte en se comportant de façon que tout le monde comprenne l'acte de Regine.

Mais, à y regarder de près, la mélancolie n'est pas la seule raison de la décision de Kierkegaard, ou bien la mélancolie a d'autres sources que l'éducation du père. Lorsqu'on lit ses premières lettres d'amour, on comprend la raison de son geste, surtout lorsqu'on les compare à ce qu'il avait pu écrire auparavant. Les lettres de Kierkegaard sont en effet plus que des lettres. Ce sont des poèmes ! Qui disent clairement à Søren que son destin n'est pas celui d'être mari, mais celui d'être écrivain. D'où la mélancolie. Car ce que ces lettres essaient de faire comprendre à Regine c'est que son fiancé est désormais un autre qui, mort à la vie, vit dans le souvenir qui nourrit l'imagination. « Le malheur, écrit-il dans les Miettes philosophiques, *n'est pas que les amoureux ne pouvaient pas s'unir, mais qu'ils ne pouvaient pas se comprendre. » Regine et Søren ne pouvaient se comprendre et, par conséquent, pas se marier, étant donné que* le mariage est impossible sans la confiance (Ou bien… ou bien) *qui, à son tour, est impossible sans la compréhension.*

On peut penser de cette histoire ce que l'on veut, mais on ne peut pas nier à Kierkegaard sa vision plutôt moderne de la relation entre les deux sexes. La fonder sur la compréhension mutuelle n'était pas encore tellement monnaie courante en 1840.

Kierkegaard était en fait tiraillé entre trois « passions » : l'amour, l'écriture et le père qui pesait lourdement sur lui. « Je vouerai mes livres à elle et à mon père : mes professeurs, la sagesse sublime d'un vieillard et l'incompréhension aimable d'une femme », écrivit-il en 1849.

La douleur, la peine qu'il éprouva, se lit en filigrane dans les livres, car c'est le lot justement du poète que son cri de douleur se transforme en musique envoûtante dans les oreilles de ses lecteurs. Un écorché vif, non pas Apollon, mais Marsyas.

★

La Répétition – *« Gjentagelsen » – qui parut le même jour que* Crainte et Tremblement : *le 16 octobre 1843, occupe une place singulière dans l'œuvre de Kierkegaard. Tout d'abord par sa genèse : la première rédaction du texte, le premier brouillon, devait servir de manuscrit à l'imprimeur ; ensuite, après avoir lu l'annonce des fiançailles de Regine avec Schlegel, Kierkegaard changea la fin et découpa des pages du manuscrit original ; cinq en tout, correspondant à une trentaine de pages imprimées. Le titre restait constant pendant le travail, mais le sous-titre varia plusieurs fois :* Un essai inutile, Un essai de découverte, Un essai de philosophie expérimentale, *et finalement* Un essai de psychologie expérimentale. *Écrit d'abord par* Constantius de bona speranza, *puis par* Victorius, *et enfin par* Constantin Constantius. *Qui plus est, le deuxième personnage du livre, « le jeune homme », mourait dans la version originale – sans doute dans les cinq pages découpées – pour ressusciter dans la version finale, mais – apprend-on dans le « post-scriptum »* de Constantius *– comme son invention !*

Après la lecture, le lecteur reste avec un sentiment semblable à celui que Kierkegaard décrit au sujet du dialogue Protagoras dans Le Concept d'ironie : *« Pour moi, l'essentiel de ce dialogue, c'est naturellement toute* la structure ironique *qu'il comporte. Car le fait de ne pas avoir obtenu de réponse décisive aux problèmes posés reviendrait bien à dire comme Schleiermacher que le dialogue finit sans résultat [...] mais ce " sans résultat " n'est nullement identique à un résultat négatif. Car un résultat négatif ne va pas sans résultat ; et seule l'ironie peut donner un résultat négatif à l'état pur et sans mélange ; car même le scepticisme pose toujours quelque chose ; l'ironie, par contre, renouvelle sans cesse, comme la vieille sorcière, la tentative digne de Tantale de commencer par tout dévorer, pour se dévorer ensuite soi-même ou, comme on le dit de la sorcière, de dévorer son propre estomac*[2]. »

La Répétition *n'est pas de prime abord un livre philosophique, mais une œuvre de fiction qui raconte un épisode – une année – dans la vie du narrateur Constantin Constantius, qui est littéralement obsédé par une idée fixe : la répétition. Seulement, du philosophe, Constantius n'a que l'apparence. De lui on peut vraiment dire que l'essence précède l'existence. Un deuxième voyage à Berlin doit lui prouver que la répétition est possible. Le voyage est un échec, tout va de travers, rien n'est plus comme avant. Le seul résultat en est une longue dépression que son retour à la maison ne fait que prolonger. Redoutant peut-être de trouver trop de choses modifiées à Berlin, Constantius avait ordonné à son domestique de ne rien changer à la maison. Mais, profitant de l'absence de son maître, le domestique commence le grand nettoyage. Et le pauvre Constantius qui rentre plus tôt que prévu retrouve un appartement sens dessus dessous, où aucun objet n'est à sa place habituelle ! Constantius ne dit mot et se dépêche de tout remettre en ordre. Le voilà enfin chez lui où tout est comme avant ! On pourrait en conclure – non sans retenir un sourire ironique – que le seul, mais pas le moindre, résultat de son voyage est d'avoir compris que la répétition ne se commande pas, qu'elle est l'œuvre d'une force supérieure – Dieu, l'existence ? Qu'elle arrive à l'individu du dehors. Du dehors – et du dedans – dans le sens du poète :*

Qui sommes-nous donc ? ô ceux à qui cela est advenu[3]

À l'individu de s'ouvrir à cet événement non pas philosophique mais existentiel qu'est la répétition. Mais notre Constantius le peut-il, ou plutôt : l'ose-t-il ? Son nom pourrait indiquer le contraire. La répétition suppose qu'un changement ait eu lieu, alors que Constantius semble être quelqu'un qui de toutes ses forces intellectuelles s'oppose à tout changement. Sa répétition à lui ne mérite pas d'autre nom que celui de l'habitude : la répétition stérile, dépourvue de tout esprit – dans ce sens que la répétition, la vraie, selon V. Haufniensis[4]*, consiste à voir chaque matin le visage de son épouse et d'éprouver le même sentiment que lorsqu'on le vit pour la première fois. Incapable de la répétition dans ce sens, Constantius est au fond incapable de comprendre le deuxième personnage du livre, le jeune homme. Ce que ce dernier lui fera cruellement comprendre.*

Constantius ne nous livre pas son nom, il restera pour toujours « le jeune homme ». Pendant les quelque douze mois que dure l'action du livre, le jeune homme vit un véritable drame intérieur que sa jeunesse et son émotivité mais aussi son honnêteté exaltent à l'extrême. Il est tombé amoureux d'une jeune fille – mais son amour le plonge dans un conflit intérieur insupportable. Avec les mots de Constantius : « Elle était bien l'élue, la seule qu'il ait jamais aimée, la seule qu'il aimerait toute sa vie. Mais, d'autre part, il ne l'aimait pas, car il ne faisait que se languir d'elle. Durant toute cette période, un changement étrange se produisit en lui. Une créativité poétique s'éveilla en lui, dans de telles proportions que je n'aurais jamais imaginées de sa part. Maintenant, tout était clair pour moi. La jeune fille n'était pas sa bien-aimée, mais l'inspiratrice du talent poétique qui sommeillait en lui. C'est pourquoi il ne pouvait aimer qu'elle sans jamais l'oublier, pouvoir jamais en aimer une autre, et contraint à se languir perpétuellement d'elle. Elle avait envahi toute son âme, son souvenir demeurant éternellement jeune dans sa mémoire. Elle avait beaucoup fait pour lui en le métamorphosant en poète ; mais ainsi elle avait signé son propre arrêt de mort. » Le jeune homme s'enfonce de plus en plus dans la mélancolie. Dire à la jeune fille qu'il n'a plus besoin d'elle en tant que telle lui est éthiquement impossible, car cela revient à lui dire qu'elle n'a d'importance que significative ; ne pas le faire lui est poétiquement impossible. C'est pourquoi le conseil de Constantius – qui ne semble pas être sans expérience en la matière et qui en outre semble avoir lu assez attentivement Le Journal du séducteur, *tant son conseil semble s'inspirer du comportement de Johannes – consiste à faire que le comportement du jeune homme soit tel qu'il pousse la jeune fille à rompre avec lui. De la pure mauvaise foi mise en scène par l'esthète. Il doit par exemple se montrer publiquement avec une autre fille et Constantius engage à cet effet une couturière pour un an.*

Mais au moment où il faut exécuter le plan, le jeune homme a disparu et Constantius ne le verra plus jamais. « L'élasticité de l'ironie faisait défaut à son âme [...] (Il) ne comprenait pas la répétition, il n'y croyait pas et ne la voulait pas avec force », note-t-il. Constantius peut alors entreprendre son deuxième voyage à Berlin mentionné précédemment et dont le résultat est négatif. Mais Constantius cache son échec et change de principe. Le principe du hasard, qui appartient au domaine esthétique et qui est aussi celui de Johannes, remplace celui de la répétition, qui appartient au domaine religieux. Pour aussi contradictoires qu'ils soient, les deux principes ont ceci en commun qu'on ne peut pas les commander, ils vous arrivent. Donc : « Loué soit le cor de postillon ! C'est mon symbole. »

C'est ainsi que, bien installé dans son appartement où tout est comme avant, il reçoit une lettre postée à Stockholm. C'est le jeune homme qui l'envoie. Sept autres suivront, auxquelles il ne souhaite pas de réponse. Le jeune homme s'était enfui à Stockholm où, depuis, il a réfléchi à sa situation au travers de celle de

Job que Dieu avait dépouillé de tout ; à la fin, Dieu se révèle à Job sous forme d'une tempête et, pour récompenser sa foi, il lui restitue tout, doublement. Le jeune homme attend maintenant sa propre tempête intérieure, qui rendra la répétition possible pour lui. Mais, entre-temps, la jeune fille s'est mariée – tout comme dans la réalité Regine Olsen avait publié ses fiançailles avec Schlegel. La répétition est donc soit impossible, soit possible, ce qui veut dire qu'elle consiste en ceci même. Le jeune homme opte pour sa possibilité. Dans sa dernière lettre, il dit qu'il est redevenu lui-même et qu'il est heureux : « Je suis de nouveau moi-même. Ce " moi " que nul autre osa relever sur la grand-route, j'en ai repris possession. La discorde gouvernant mon être est écartée ; je retrouve mon unité. Les angoisses de la sympathie, qui trouvèrent substance et approbation dans ma fierté, ne s'y insinuaient plus pour semer la discorde et tout disloquer. N'est-ce pas là une répétition ? N'ai-je pas tout reçu en double ? »

Dans la troisième et dernière partie, Constantius s'adresse directement à son « véritable lecteur », le vénérable monsieur N.N. On apprend ici que « le jeune homme » est une invention de Constantius qui donc est non seulement l'auteur de la première partie du livre, mais aussi de la seconde, les lettres du jeune homme ! La composition de La Répétition *serait donc identique à celle du* Journal d'un séducteur, *dans ce sens que Johannes n'est pas l'auteur de son journal mais une « invention » de A ? Dans ce cas, il faudrait voir les deux personnages comme deux contraires, deux variations d'une même conscience : celui (Constantius) qui n'est pas arrivé à la répétition parce qu'il s'est refermé à elle et à l'amour (dont il* sait *beaucoup de choses sans pourtant l'avoir vécu réellement). En face de lui se trouve donc « le jeune homme », qui lutte de toutes ses forces pour ne pas devenir comme Constantius ; une sorte de Constantius bis qui, au travers du jeune homme, tente de revivre ou plutôt de refaire, pour ne pas dire re-prendre sa propre histoire sans le pouvoir réellement, car son « invention » lui échappe. Constantius reste un philistin et un esthète, c'est donc tout à fait logique que la répétition lui échappe puisqu'elle appartient aux sphères éthique et religieuse.*

Mais cette lecture ne convient pas non plus. Car non seulement Constantin Constantius est l'auteur des deux parties du livre, mais *il* s'y est placé lui-même ! *Il ne s'agit pas de subterfuges esthétiques pour masquer un échec. Non, l'effondrement de la composition du livre est bien réel et correspond à un effondrement réel, celui, psychologique, de l'auteur réel, Kierkegaard, ce qui fait de* La Répétition *un livre profondément saisissant sur le plan humain.*

Avec lui nous plongeons dans le trou noir, qui traverse toutes les lignes de défense ironico-humoristes et fait de son auteur une exception, un de ceux à qui cela est advenu. *Un de ceux qui, n'appartenant plus à la communauté des gens ordinaires, parlent pourtant en leur nom – un exclu, un maudit : un poète moderne. Un de ceux qu'on peut vraiment appeler mon frère, mon confident.*

⋆

Ainsi, La Répétition *raconte l'échec d'un certain comportement intellectuel devant un fait accompli : la relation de Kierkegaard avec Regine Olsen, qu'il ne cessa d'aimer. Mais, en racontant cela avec sincérité,* La Répétition *devient pour ainsi dire le premier livre de Søren Kierkegaard, en ce sens que c'est à partir de lui que son œuvre prend véritablement forme et développe ses thèmes avec le pathos existentiel inégalé, mais aussi la poésie sublime qui est la marque indélébile de l'écriture de Søren Kierkegaard. La raison pour laquelle on le lit et le relira encore.*

Ici, en vérité, un être vivant parle à un autre être vivant – hiin enkelte, som føler og forstår. *Au-delà du temps et de l'espace. Tant est que, derrière toutes les explications et interprétations, la condition et l'exigence humaines restent les mêmes : en liberté, devenir soi-même et le rester. Chaque jour – c'est ça, au fond, la répétition. Condition sine qua non d'une vie authentique – mais aussi d'une écriture authentique.*

En évolution constante mais toujours fidèle à ses origines : l'étonnement et l'amour.

★

La notion de répétition est à voir par rapport à une vision du temps comme étant linéaire et qui commençait à poindre au XIXe *siècle. La répétition repose sur une vision cyclique du temps, comme la nature qui, en se développant, se répète en des formes de plus en plus raffinées et adaptées.*

Mais il faut aussi penser la notion de répétition par rapport à toutes sortes de fuites devant ce que Kierkegaard définit comme la tâche de l'homme : devenir réel, visible, entrer en existence ici et maintenant, se réaliser soi-même comme cette possibilité particulière que l'on est. Devenir authentique, et la seule manière de rester authentique, c'est justement la répétition. L'homme doit encore et encore répéter « le double mouvement de l'infini », la résignation infinie, renoncer à tout : « La résignation infinie est le dernier stade qui précède la foi, de sorte que celui qui n'a pas fait ce mouvement n'a pas la foi ; car c'est seulement dans la résignation infinie que je deviens, que je prends conscience de moi-même dans ma valeur éternelle et c'est seulement alors qu'on peut parler de saisir l'existence par la force de la foi », écrit Johannes de Silentio dans Crainte et Tremblement. *Celui qui a fait ce mouvement n'aura plus la loi de ses actes en dehors de lui, mais au-dedans de lui. Celui qui a renoncé à tout, dit Kierkegaard, à lui la foi rendra tout, absolument tout.*

C'est ça, la répétition qui ne réussit donc pas tout à fait pour le jeune homme du roman – parce que Kierkegaard ne voulait pas confier au public la peine infligée par son orage ou plutôt « coup de tonnerre » à lui, les fiançailles de Regine. C'est pourquoi il fait seulement dire au jeune homme son soulagement à la nouvelle du mariage de la fille : « N'est-ce pas là une répétition ? N'ai-je pas tout reçu en double ? Ne me suis-je pas retrouvé moi-même et de telle façon à devoir éprouver doublement sa signification ? »

C'est mari qu'il aurait dû devenir ; maintenant il est redevenu lui-même en tant que poète et peut pleinement se consacrer à l'écriture.

Peut-être écrira-t-il un jour dans son journal intime :

> « C'est elle que j'aimais. Ma vie accentuera sans faille la sienne, mon activité d'écrivain pourrait également être considérée comme un monument à son honneur et à sa gloire. Je l'emporte avec moi dans l'Histoire. Et moi qui, mélancolique, n'avais qu'un désir : la charmer ; là cela ne m'est pas interdit ; là je marche à ses côtés ; comme un maître de cérémonies

je la conduis en triomphe et dis : s'il vous plaît, faites un peu de place pour elle, pour “ notre propre, chère, petite Regine ”[5]. »

Karl Ejby POULSEN

Notes

1. Ce que Kierkegaard reprochait à la philosophie de Hegel – dont il était par ailleurs plus influencé qu'on ne veut généralement l'avouer – touchait profondément à ce qu'est, d'après Kierkegaard, l'être humain. C'est le pseudonyme Johannes Climacus qui est chargé de clarifier les idées dans les *Miettes philosophiques*. L'attaque frontale, qui concerne la philosophie de l'histoire de Hegel, la « méthode absolue », a lieu dans le chapitre intitulé *Interlude* et concerne la notion de nécessité. L'histoire, pour Hegel, c'est l'autoréalisation de l'esprit absolu. Elle progresse – nécessairement – avec nécessité, la nécessité étant l'union de la possibilité et de la réalité. Dès qu'un événement historique a eu lieu, dès qu'une possibilité est devenue réalité, il est – nécessairement – ce qu'il est. Et c'est exactement cela qui révulse Johannes Climacus, car cette vision de l'histoire réduit l'homme à n'être que le démarreur, en soi fortuit, de la succession et rend, au pire des cas, caduque toute valeur éthique. C'est pourquoi Climacus doit remplacer la notion de nécessité par celle de liberté. Le passage de possibilité à réalité, dit-il, s'opère par la liberté, par un choix, et non pas par nécessité. Cela vaut également pour la nature, à cette différence près qu'il n'existe, dans la nature, qu'un seul choix, de sorte qu'on peut difficilement parler de choix, mais bien de liberté – en tout cas pas de nécessité. Tout ce qui devient (réalité) le devient par liberté. À la base des actes des hommes, de l'histoire, se trouve un choix entre plu-

sieurs possibilités – ce qui les distingue de ceux de la nature. Et puisqu'il y a choix, donc décision, il y a aussi, implicitement, obligation et responsabilité. En concevant l'histoire comme un système logique, voire métaphysique, la vision hégélienne enlève la liberté de l'histoire. L'erreur de Hegel est, selon Johannes Climacus mais aussi selon Vigilius Haufniensis, d'ordre catégoriel, en ce sens qu'il confond raison et cause. Le passé n'était pas nécessaire au moment de devenir, il ne le devient pas en devenant et ne le devient pas non plus par la conception de quelqu'un.

L'autre point de discorde était le fait que Hegel considérait le christianisme comme un moment de l'histoire. Pour Kierkegaard, le christianisme appartient au domaine de la subjectivité, et non pas à celui de l'objectivité : « *[...]* La différence entre christianisme et hégélianisme consiste plutôt en ce point précis que la spéculation prétend nous enseigner que la voie à suivre est de devenir objectif, tandis que le christianisme nous enseigne que la voie à suivre est de devenir subjectif, c'est-à-dire devenir vraiment sujet. Disons, pour qu'on ne croie pas qu'il s'agit d'une querelle de mots, que le christianisme veut potentialiser la passion et la porter à son plus haut point ; mais la passion c'est précisément la subjectivité, et celle-ci, objectivement parlant, est absolument dépourvue d'existence. *(Post-scriptum final non scientifique aux* Miettes philosophiques*)* » Et, pour Kierkegaard, l'homme est, essentiellement, passion.

2. S. A. Kierkegaard : *Om Begrebet Ironi med stadigt Hensyn til Sokrates*, 1841. *Le Concept d'ironie constamment rapporté à Socrate*, Œuvres complètes de Søren Kierkegaard, tome 2, p. 54. Traduction de Paul-Henri Tisseau et Else-Marie Jacquet-Tisseau, Éd. de l'Orante, 1975.

3. Thorkild Bjørnvig : *Anubis*, 1959. In : *Europe* n° 810, octobre 1996, p. 107

4. Vigilius Haufniensis : *Le Concept d'angoisse*, Copenhague 1844.

5. Søren Kierkegaard : *Carnet de notes 15*, 24 août 1849. Søren Kierkegaards Skrifter, bd. 19, Søren Kierkegaard Forskningscentret, Gads Forlag, Copenhague 2001.

La Répétition

Essai de psychologie expérimentale de Constantin Constantius

Lorsque les Éléates réfutèrent le mouvement, Diogène fit office, comme chacun sait, de contradicteur. Il s'opposa réellement, ne prononçant pas un seul mot, mais se contentant de marcher de long en large, signifiant ainsi clairement qu'il avait réfuté la chose. M'étant longuement consacré à ce problème, occasionnellement tout au moins : une répétition est-elle possible et quelle signification lui donner, une chose peut-elle gagner ou perdre à être renouvelée, cette idée me vint soudain à l'esprit : après tout, tu peux aller à Berlin[1], que tu as déjà visitée, vérifier si une répétition est possible, et ce qu'elle pourrait signifier. Chez moi, j'étais resté presque bloqué sur ce problème. On dira ce qu'on voudra, il jouera un rôle très important dans la nouvelle philosophie, car *la répétition* est une expression essentielle de « la réminiscence » chez les Grecs. Comme ils l'enseignèrent, toute connaissance est réminiscence ; de même, la nouvelle philosophie[2] enseignera que la vie est répétition. Leibniz[3] est le seul philosophe moderne à avoir eu une idée de la chose. La répétition et le ressouvenir représentent le même mouvement, mais en sens opposé ; car ce dont on se souvient a été, c'est une répétition en arrière. En revanche, on se souvient de la véritable répétition en allant vers l'avant. C'est pourquoi, quand elle est possible, la répétition rend l'homme heureux, tandis que le ressouvenir le rend malheureux, sous réserve bien entendu qu'il se donne le temps de vivre et ne cherche pas, dès sa naissance, à trouver une excuse pour se soustraire de nouveau à la vie, par exemple sous prétexte d'avoir oublié quelque chose.

D'après un auteur[4], l'amour du ressouvenir est le seul heureux. Il a en cela tout à fait raison, lorsqu'on se souvient simplement qu'il commence d'abord par rendre l'homme malheureux. L'amour de la répétition est en vérité le seul heureux. Tout comme le ressouvenir, il ne présente pas l'inquiétude de l'espoir, ni l'angoisse de l'aventure et de la découverte, pas plus que la mélancolie du ressouvenir ; il a la sainte assurance de l'instant présent. L'espoir est un habit neuf, raide et serré, étincelant, bien qu'on ne l'ait jamais porté et que par conséquent, on ignore s'il vous va, ou s'il vous siéra. Le ressouvenir est un vieil habit qui, si beau soit-il, ne vous va plus, car vous avez grandi. La répétition est un habit inusable qui vous tient comme il faut tout en restant souple, sans vous étouffer ni ballonner. L'espoir est une ravissante jeune fille qui vous glisse entre les doigts ; le ressouvenir est une belle femme d'âge mûr qui pourtant n'a jamais fait votre affaire quand il le fallait ; la répétition est une épouse adorée qui ne vous lasse jamais, car seule la nouveauté est lassante. On ne se lasse jamais de l'ancien, et sa possession ne peut que vous rendre heureux. Seul sera vraiment heureux celui qui ne se trahit pas en imaginant que la répétition devrait être quelque chose de nouveau, car il s'en lassera. Espérer, se ressouvenir, est le propre de la jeunesse, mais c'est le propre du courage que de souhaiter la répétition. Celui qui se contente d'espérer est un lâche ; celui qui se contente du ressouvenir est un voluptueux ; mais celui qui souhaite la répétition est un homme ; plus il est ferme dans ses préparatifs, plus il sera un être profond. Mais celui qui ne comprend pas que la vie est répétition, et qu'elle représente la beauté même de la vie, ne mérite pas mieux le sort qui l'attend, c'est-à-dire périr ; car l'espérance est un fruit tentateur qui vous laisse sur votre faim. Le ressouvenir est un pécule de survie chèrement gagné, qui n'assouvit pas votre faim ; mais la répétition est le pain quotidien qui contente votre faim à profusion. Quand on a fait le tour de l'existence, alors se révèle, si on a le courage de le comprendre, que la vie est une répétition, et si on veut s'en réjouir. Qui n'aura pas accompli cette démarche avant de commencer à vivre, ne parviendra jamais à vivre ; celui qui en fit le tour mais s'en est trouvé repu, était doté d'une mauvaise constitution. En revanche, celui qui a choisi la répétition vit vraiment. Il ne court pas à la poursuite des papillons tel un garçonnet, ou ne se dresse pas sur la pointe des pieds pour observer les splendeurs de ce monde, car il les connaît. Il ne reste pas non plus assis telle une vieille femme filant sa quenouille de souvenirs. Il va tranquillement son chemin, enchanté de cette répétition ; mais, si cette répétition n'existait pas, que serait la vie ? Qui pourrait être un tableau sur lequel le temps ajoute à chaque instant une nouvelle ligne, ou bien un témoignage écrit du passé ? Qui souhaiterait se laisser émouvoir par tout ce qui est superficiel, nouveau, qui toujours divertit mollement l'âme ? Si Dieu n'avait pas souhaité la répétition, le monde n'aurait jamais été créé. Soit il aurait suivi les vagues projets de l'espérance, soit il aurait révoqué tout cela, le conservant dans le ressouvenir. Il ne l'a pas fait ; aussi le monde existe-t-il et subsiste ainsi, car il est répétition. La répétition est réalité, c'est le sérieux de l'existence. Celui qui désire la répétition a mûri dans le sérieux. Tel est mon vote individuel, qui signifie en outre que la gravité de la vie ne consiste nullement à rester assis sur son sofa et à se curer les dents – à être quelqu'un, par exemple un conseiller de justice ; ou encore aller à pas mesurés dans les rues – et être quelqu'un, par exemple Très Révérend N. ; pas plus que la gravité de la vie ne se résumerait à un titre d'écuyer du roi. Tout cela n'est à mes yeux que fadaises, et en tant que telles elles sont parfois suffisamment mauvaises. L'amour du ressouvenir est le seul heureux, dit un auteur qui, d'après ce que j'en sais, est parfois trompeur ; cependant, il pousse sa pensée à l'extrême, si bien que, si elle n'est pas saisie avec la même énergie, elle se révèle être à l'instant suivant tout autre. Il tourne cette phrase de façon à dire une chose et en concevoir une autre, mais aussi de façon à entraîner facilement quelqu'un à lui donner raison, et oublier ainsi que la phrase elle-même est l'expression de la plus profonde mélancolie, si bien qu'une tristesse profonde concentrée dans une seule réplique ne pourrait être mieux exprimée. Il y a environ un an, et tout à fait sérieusement, mon attention s'était portée sur un jeune homme que j'avais souvent observé ; sa belle apparence, l'expression empreinte de spiritualité de son regard me séduisaient presque ; un certain port de tête, une vivacité dans ses propos me persuadaient qu'il était d'une nature profonde, pleine de ressources, tandis qu'une certaine hésitation dans son intonation témoignait de son appartenance à l'âge de la séduction, où se manifeste la maturité de l'âme comme, beaucoup plus tôt, celle du corps s'annonce à travers la mue de la voix. Grâce à ces manières désinvoltes, très en vogue dans les cafés, j'avais déjà réussi à gagner sa confiance et à me considérer comme un confident, dont la parole libérait, de maintes façons, cette mélancolie latente en lui ; tel un Farinelli[5], j'arrivais à tirer hors de sa sombre cachette le roi aux idées incertaines. Mon ami, encore jeune et malléable, succomba sans que j'aie besoin d'employer le forceps. Tel était l'état de nos relations lorsqu'il vint chez moi, il y a environ un an, passablement hors de lui. Son comportement était beaucoup plus énergique que d'habitude, son aspect physique plus beau, son regard rayonnant s'était développé ; bref, il était comme transfiguré. Lorsqu'il me révéla être amoureux, j'en vins à penser spontanément combien cette fille devait être heureuse d'être ainsi aimée. « Cela durait depuis un certain temps, me dit-il, mais il me l'avait caché ; maintenant, il s'était déclaré selon ses vœux, et était payé de retour. » Quoique j'aie tendance à me comporter en observateur envers les gens, cela m'était impossible à son sujet. On dira ce que l'on voudra : un jeune homme profondément épris est tellement beau qu'à sa vue la joie procurée ainsi vous fait oublier tout travail d'observation. En général, toutes les tendres et profondes émotions d'un être désarment l'observateur. Sont-elles absentes, ou bien sont-elles coquettement dissimulées ? Il faut faire œuvre d'observation. Si vous voyez quelqu'un prier du plus profond de son âme, seriez-vous inhumain au point de devenir ce simple et froid observateur ? Ne voudriez-vous pas plutôt vous sentir pénétré par cette piété débordante ? En revanche, vous entendez un prêtre déclamer un prêche bien étudié. À plusieurs reprises, dans un passage habilement tourné et sans aucune sollicitation des fidèles, il affirme que ce qu'il dit est la simple foi peu encline aux subtilités de l'éloquence mais qui, dans la prière, est inspiratrice de la vérité que, d'après ses propres termes, et probablement à juste titre, il a cherchée désespérément dans la poésie, l'art et la science. Alors, vous posez calmement le microscope devant votre œil ; vous fermez vos oreilles à ce flot de paroles, vous baissez la jalousie, et passez au crible de la critique chaque son, chaque mot.

Le jeune homme en question était profondément, sincèrement et humblement amoureux. Depuis bien longtemps je n'avais éprouvé autant de bonheur que le simple fait de le voir ; souvent, il est fort triste de n'être qu'un simple observateur. Cela vous rend mélancolique, comme un officier de police ; et lorsqu'un observateur remplit correctement sa mission, il ressemble à un espion de la police en mission de la plus haute importance, car le talent de l'observateur est de mettre en lumière ce qui est caché. Le jeune homme parla de la demoiselle dont il était épris, de façon très succincte ; son discours n'était pas fait des louanges insipides, comme cela est fréquent dans le discours des amoureux. Étant un gentil garçon, on ne trouvait chez lui nulle suffisance pour avoir pris dans ses filets une telle fille ; aucune fatuité – son amour était sain, pur, dénué de toute perversion. Il s'ouvrait à moi avec une aimable franchise, car le motif de sa visite était de trouver un confident auprès duquel il pourrait se parler à haute voix ; mais la principale raison était sa crainte de rester assis toute la journée chez la demoiselle et de l'importuner ainsi. À plusieurs reprises, il s'était déjà rendu chez elle, mais s'était fait violence et avait rebroussé chemin. Il me pria de faire un tour en voiture avec lui, afin de le divertir et de faire passer le temps. J'y étais tout à fait disposé, car dès qu'il s'était ouvert à moi, j'étais certain que je serais, sans réserve, à sa disposition. J'employai la demi-heure précédant l'arrivée de la voiture à l'écriture de quelques lettres d'affaires, l'invitai en attendant à bourrer une pipe ou à feuilleter un album qui se trouvait là ; mais il n'avait aucun besoin d'un tel dérivatif, absorbé qu'il était par sa propre personne. Il ne pouvait rester assis, et arpentait nerveusement la pièce de long en large ; son allure, ses mouvements, ses gestes, tout cela était éloquence en sa personne et la passion le consumait. L'amour éclatait quasiment au grand jour, tel un grain de raisin à son ultime degré de maturation, devenant clair et diaphane, sous le suc perlant à travers ses fines veines, telle l'écorce d'un fruit qui éclate quand il a mûri dans toute sa plénitude. Je ne pouvais m'empêcher, de temps à autre, de lorgner presque amoureusement vers lui, car un tel jeune homme est certainement aussi séduisant à regarder qu'une jeune fille. Souvent, les amants cherchent refuge dans le verbe du poète, pour exprimer le doux tourment de l'amour en une exaltation bienheureuse ; c'était bien son cas. Tout en arpentant la pièce, il répétait sans cesse ces vers de Poul Møller[6] :

Alors surgit un rêve remontant à mes jeunes années.
Me prenant dans mon fauteuil,
Il me reste une tendre nostalgie de toi,
Toi, soleil féminin !

Une larme gonfla ses yeux, il se jeta sur une chaise, et répéta à plusieurs reprises les mêmes vers. Cette scène me fit une impression émouvante. « Grands dieux ! pensais-je, de toute mon expérience, je n'ai jamais observé une telle mélancolie. Qu'il fût mélancolique, je le savais, mais je n'aurais jamais imaginé que l'amour pût produire un tel effet sur lui ! Et pourtant, quelle logique n'y a-t-il pas dans tout état d'âme, même anormal, quand il est bien en place. Les gens affirment souvent qu'une âme mélancolique doit tomber amoureuse pour que disparaisse tout vague à l'âme. S'il est vraiment mélancolique, comment serait-il possible que son âme ne succombe pas à la mélancolie en se consacrant à ce qui, pour lui, est de la plus haute importance. Il était profondément et sincèrement épris, cela était clair, et pourtant dès les premiers jours il était capable de se ressouvenir de son amour. Au fond, sa relation était finie. Le fait de l'entamer lui avait fait accomplir un immense pas en avant, et lui avait fait enjamber toute la vie. Si la jeune fille meurt demain, cela ne produira en lui aucun changement essentiel : il se précipitera de nouveau ici, ses yeux s'empliront de larmes et il répétera les vers du poète. Quelle étrange dialectique ! Il se languit de cette jeune fille, il doit se faire violence pour ne pas traîner toute la journée chez elle, et pourtant, dès le premier instant, il s'est métamorphosé en un vieil homme, eu égard à la situation.

Un malentendu doit en être la cause. Pendant longtemps, rien ne m'a autant ému, et d'une manière aussi profonde, que cet épisode. Qu'il devienne malheureux, rien n'était plus clair, que la fille le devienne aussi était évident, même si l'on ne peut prévoir dans l'immédiat la façon dont cela se passera. En attendant, si quelqu'un peut parler de l'amour du ressouvenir, c'est bien lui. Le souvenir a le gros avantage de commencer par une perte ; aussi est-il sûr, puisqu'il n'a rien à perdre.

La voiture était arrivée. Nous prîmes la route en bordure de mer pour gagner ensuite les chemins forestiers. Malgré moi, j'avais repris une attitude observatrice à son égard, et je ne pus m'empêcher toutes sortes d'expérimentations pour, comme le disent les marins, filer le loch de sa mélancolie. J'invoquais toutes les voix de l'amour possibles, mais en vain. Je cherchais l'aide du paysage varié qui nous environnait, toujours en vain : ni l'immensité sauvage des flots, ni le calme apaisant de la forêt, ni la solitude du soir qui nous saluait ne purent le sortir de cette sinistre langueur dans laquelle il s'éloignait davantage de la bien-aimée qu'il ne s'en rapprochait. Son erreur était irrémédiable : il se trouvait au dénouement plutôt qu'au début ; une telle erreur est et demeure la perte de l'être humain.

Et pourtant, je retiens la sincérité de sa voix comme typique du sentiment amoureux. Celui qui, au début de sa passion, n'en a pas fait l'expérience, n'a jamais aimé. Seulement, il faut avoir en même temps un autre sentiment. Ce ressouvenir exalté est l'éternelle expression de la passion naissante ; c'est le signe d'un amour véritable. Mais, d'autre part, pour en tirer parti, il faut qu'une certaine flexibilité faite d'ironie s'y ajoute ; ce qui lui faisait défaut, car son âme était trop tendre. Il est vrai que, dès le premier instant, la vie d'un être appartient au passé, mais il faut qu'il y ait aussi un élan vital pour anéantir cette mort et la transformer en vie. Aux premières lueurs de l'amour, le présent et l'avenir se livrent combat pour exprimer l'éternité, et ce ressouvenir est précisément le reflux de l'éternité dans le présent, pour autant qu'il soit sain.

Nous retournâmes chez moi et je pris congé de lui ; mais ma sympathie avait été trop violemment excitée et je ne pouvais m'empêcher de penser que, dans un proche avenir, une terrible explosion surviendrait.

Les quinze jours suivants, je le vis de temps en temps chez moi. Il commençait à comprendre son erreur, la jeune fille adorée apparaissait presque comme une charge. Et pourtant, elle était bien l'élue, la seule qu'il eût jamais aimée, la seule qu'il aimerait toute sa vie. Mais, d'autre part, il ne l'aimait pas, car il ne faisait que se languir d'elle. Durant toute cette période, un changement étrange se produisit en lui. Une créativité poétique s'éveilla en lui, dans de telles proportions que je n'aurais jamais imaginées de sa part. Maintenant, tout était clair pour moi. La jeune fille n'était pas sa bien-aimée, mais l'inspiratrice du talent poétique qui sommeillait en lui. C'est pourquoi il ne pouvait aimer qu'elle sans jamais l'oublier, sans jamais pouvoir en aimer une autre, contraint à se languir perpétuellement d'elle. Elle avait envahi toute son âme, son souvenir demeurant éternellement jeune dans sa mémoire. Elle avait beaucoup fait pour lui en le métamorphosant en poète ; mais ainsi elle avait signé son propre arrêt de mort.

À mesure que le temps passait, sa situation devenait de plus en plus cruelle. Sa mélancolie prenait de plus en plus le dessus, tout son corps se consumait dans cette lutte de son âme. Il comprenait qu'il la rendait malheureuse, sans imaginer qu'il ait pu commettre aucune faute ; mais cette absence de culpabilité dans la responsabilité de son malheur le scandalisait et augmentait encore sa souffrance à l'extrême. Avouer à la fille ce qui se passait paraissait à ses yeux comme la plus grande offense. C'était lui affirmer qu'elle lui apparaissait comme un être totalement imparfait, qu'il avait mûri et s'était éloigné d'elle, qu'il n'avait plus besoin de marchepied pour s'élever. Qu'adviendrait-il ensuite lorsqu'elle apprendrait qu'il ne pourrait en aimer aucune autre ? Accepterait-elle alors de devenir sa veuve qui, dans son affliction, ne vivrait plus que dans le souvenir qu'elle garderait de lui, et de leur relation. Il ne pouvait donc rien avouer, par respect de sa fierté à elle. Sa mélancolie l'embarrassant de plus en plus, il décida de continuer à donner le change. Il mit tout son élan poétique à la réjouir et à la divertir ; tout ce qu'il aurait pu offrir à d'autres, il le garda pour elle. Elle était et demeurait la bien-aimée, la seule adorée, bien qu'il fût sur le point de perdre la raison dans l'angoisse de ce monstrueux mensonge qui ne faisait que l'enchaîner de plus en plus fermement. En un sens, qu'elle fût vivante ou non n'avait plus de signification pour lui ; dans sa mélancolie, il ne trouvait de joie qu'en enchantant la vie de la jeune fille. Qu'elle fût heureuse, cela paraissait évident, car elle n'avait pas le moindre soupçon, et cette nourriture n'avait que trop bon goût. Il ne pouvait plus produire, au sens strict du terme, sinon il aurait dû la quitter ; il mit donc – comme il le disait – sa créativité « sous les ciseaux », la taillant en de charmants bouquets à son attention. Elle ne se doutait de rien, je le crois aussi, car il serait choquant qu'une jeune fille pût être suffisamment égoïste au point de prendre en vain la mélancolie d'un homme. Cependant, cela peut arriver, et j'ai été très près une fois de découvrir une telle relation. Rien n'est d'ailleurs plus attrayant pour une jeune fille que d'être aimée par un poète mélancolique. Et si elle est suffisamment égoïste pour s'imaginer l'aimer sincèrement en s'accrochant à lui, au lieu de l'abandonner, alors elle a dans sa vie une tâche très facile dont l'honneur lui revient et la bonne conscience d'être fidèle, avec en plus la quintessence de l'amour. Dieu vous protège d'une telle fidélité !

Un jour, il vint me voir sous l'emprise de sa sombre passion. Dans ses crises les plus violentes, il maudissait la vie, son amour, sa bien-aimée. Dès lors, il ne vint plus chez moi. Avoir reconnu devant un tiers que la jeune fille représentait pour lui un tourment, il ne pouvait probablement pas se le pardonner ; il avait tout gâché, jusqu'à la joie de vanter bien haut sa gloire, elle dont il avait fait une déesse. Lorsque nous nous croisions, il m'évitait ; si nous nous trouvions ensemble, il ne m'adressait jamais la parole, mais il faisait apparemment un effort pour paraître joyeux et confiant. Peu après, je décidai de le suivre et j'avais à cette fin commencé à rechercher l'entourage de ses domestiques. Lorsque l'on a affaire à un mélancolique, on obtient souvent plus d'informations par l'intermédiaire de subalternes. Un mélancolique s'ouvre plus volontiers à un serviteur, à une femme de chambre, à un vieux meuble de famille qu'à quelqu'un de proche par son éducation et ses conditions de vie. J'ai connu un mélancolique qui traversait la vie comme un danseur, dupant tout le monde – moi y compris – jusqu'à ce que, grâce à un barbier, je découvre une autre piste. Ce barbier était un vieil homme vivant dans des conditions difficiles, et s'occupait lui-même de ses clients. La compassion du jeune homme pour les difficultés du barbier l'incita à laisser percer sa mélancolie, de sorte que ce barbier savait ce que personne ne soupçonnait. Entre-temps, le jeune mélancolique m'épargna cet embarras ; il s'adressa de nouveau à moi, quoique fermement décidé à ne plus jamais mettre les pieds chez moi. Il me proposa de nous rencontrer en des lieux isolés et à des heures précises. J'acceptai et achetai donc deux billets pour la pêcherie de Stadsgraven[7]. Nous nous retrouvions là au petit matin. À cette heure, où le jour et la nuit se livrent combat, quand, même au plus fort de l'été, un frisson glacé parcourt la nature, nous nous rencontrions là-bas, dans le brouillard matinal et humide ; l'herbe était couverte de rosée et les oiseaux s'envolaient, effrayés par ses cris. En cet instant où le jour triomphe de la nuit, où tout ce qui vit se réjouit de l'existence, en cet instant où la jeune fille adorée qu'il nourrissait de sa peine levait sa tête de l'oreiller et ouvrait un œil tandis que Morphée demeuré auprès de sa couche s'était levé, à l'instant où le dieu des rêves avait posé un doigt sur ses paupières, pour prolonger un bref assoupissement, en lui murmurant ce qu'elle n'avait jamais soupçonné, dans un chuchotement si délicat qu'elle avait tout oublié en se réveillant – en cet instant même, nous nous séparâmes de nouveau. Et quoi que les dieux lui aient confié, elle ne rêvait pas de notre rencontre. Quelle merveille que le jeune homme pâlisse ! Quel prodige que je pâlisse aussi, moi son confident, et celui de plusieurs de ses semblables !

Un certain temps s'écoula encore. Je souffrais vraiment beaucoup de voir ce jeune homme dépérir de jour en jour. Pourtant, je ne regrettais nullement de partager sa souffrance, car, dans son amour, l'idée était en mouvement. (Et une telle passion – Dieu merci – se rencontre parfois dans la vie, mais pas dans les romans ni les nouvelles.) La passion n'a de sens que dans ce cas ; on a beau ne pas être persuadé que l'idée en est le principe vital et que, lorsque cela s'impose, il faut lui sacrifier sa vie, et plus encore, l'amour lui-même, quels que soient les encouragements de la réalité ;

sinon, on est chassé du champ de la poésie. Mais au contraire, quand l'amour a sa source dans l'idée, aucun mouvement, aucune émotion de l'âme, même fugace, n'est sans signification, car l'essentiel se trouve toujours là : le choc poétique, qui peut alors – d'après ce que j'en sais – être de loin plus terrible que celui que je vous décris ici ; mais vouloir être au service de l'idée, ce qui au regard de l'amour ne signifie pas être au service de deux maîtres, est aussi une tâche astreignante ; car nulle beauté ne peut être aussi exigeante que l'idée, et aucune désapprobation d'une jeune fille ne peut être aussi lourde que la colère de l'idée, par-dessus toute chose impossible à oublier.

Si je voulais suivre minutieusement les états d'âme de ce jeune homme, tels que j'ai appris à les connaître, et bien moins, si d'une manière poétique je voulais souligner quantité de choses sans aucun rapport direct : salons, vêtements personnels, paysages superbes, parents et amis, cette histoire pourrait alors devenir une nouvelle interminable ; cela ne m'enchante guère. J'aime la salade, mais je ne mange que le cœur, les feuilles sont – à mon avis – bonnes pour les porcs ; je préfère avec Lessing[8] la volupté de la conception aux douleurs de l'accouchement. Quelqu'un serait-il en désaccord avec moi, eh bien, j'en suis fort aise.

Le temps passait. Si je le pouvais, j'allais retrouver mon ami à cette méditation vespérale où il voulait, par ses cris sauvages, se donner du mouvement pour toute la journée ; car il employait sa journée à enchanter la jeune fille. Tel Prométhée cloué au rocher, tandis que l'aigle déchiquetait son foie, captivait les Dieux par ses prédictions, de même il captivait sa bien-aimée. Chaque jour il était au comble de son exaltation, car chaque jour était le dernier. Pourtant, il ne pouvait continuer à mordre les chaînes qui l'attachaient ; mais plus sa souffrance était extrême, plus son chant reflétait le bonheur, plus doux était son chant et plus fortes les chaînes. Bâtir une véritable relation sur les bases de ce malentendu était impossible, c'était livrer la jeune fille à une éternelle imposture. Lui révéler cette méprise, en expliquant qu'elle n'était qu'une forme concrète, visible, alors que sa pensée et son âme cherchaient autre chose qu'il avait transposé sur elle, c'eût été l'outrager si profondément que sa fierté se cabrait à cette idée. C'était là une méthode qu'il méprisait plus que tout, ce en quoi il avait raison. Il est abject d'abuser et de séduire une jeune fille, mais il l'est encore plus d'abandonner une jeune fille sans même devenir un coquin opérant une brillante retraite et la gratifiant de l'explication qu'elle n'était pas l'idéal recherché, la consolant en lui avouant qu'elle n'avait été que la muse. Ainsi en est-il lorsque l'on a quelque pratique pour embobiner les jeunes filles ; à l'heure de sa détresse, elle se contentera de cette proposition ; on s'en tire à bon compte, on demeure un homme honnête, voire aimable. Mais après cela, elle se trouve finalement encore plus offensée que celle qui se sait trompée ; c'est pourquoi, dans toute relation amoureuse qui aboutit à une impasse, la délicatesse est ce qu'il y a de plus offensant ; celui qui possède un regard digne d'Éros et n'est pas un lâche voit facilement que le seul moyen qui lui reste pour respecter la jeune fille, c'est d'agir envers elle sans délicatesse. Pour mettre si possible un terme à ses souffrances, j'invitai fermement mon ami à risquer le tout pour le tout. Il s'agissait de trouver tout simplement un point d'entente. Je lui fis la proposition suivante. Tout détruire, se transformer en une personne méprisable qui ne trouve son plaisir que dans les cris et la tromperie. Si vous pouvez le faire, alors l'égalité sera rétablie ; alors, il ne pourra plus être question de différences esthétiques vous donnant sur elle une supériorité, que les gens sont trop souvent enclins à attribuer à une personnalité soi-disant peu commune ; elle sera alors le vainqueur, elle aura entièrement raison et vous complètement tort. Mais n'allez pas trop vite, car cela ne ferait qu'enflammer son amour. Veillez tout d'abord à être quelque peu désagréable. Ne la taquinez pas, car elle se piquerait au jeu. Non ! Soyez inconstant, râleur, faites un jour ceci et le lendemain cela, mais sans passion, avec une complète nonchalance. Que cela ne dégénère pas en manque d'attention ; au contraire, cette attention extérieure doit être aussi soutenue que possible, mais réduite en une fonction dénuée de toute spontanéité. Suscitez toujours un certain semblant d'amour à l'eau de rose qui ne soit ni de l'indifférence ni du désir ; que tout votre comportement soit rebutant, comme celui d'un homme plutôt gâteux ; n'entreprenez rien sans être sûr d'avoir la force d'aller jusqu'au bout, sinon rien n'aboutira ; car nul n'est plus perspicace qu'une jeune fille lorsqu'il s'agit de savoir si elle est aimée ou non, et il n'est pas d'opération plus difficile que d'avoir à employer soi-même « l'extirpateur[9] », instrument qu'en général seul le temps permet d'utiliser correctement. Lorsque tout sera en branle, vous pourrez vous adresser à moi, et je me chargerai du reste. Vous ferez courir le bruit que vous avez une nouvelle histoire sentimentale et, *quidem*[10] d'un genre plutôt prosaïque ; sinon, vous ne réussirez qu'à la piquer. Que cela ne vous vienne même pas à l'idée, je le conçois aisément, car c'est un fait acquis entre nous qu'elle est la seule que vous aimiez, bien qu'il vous soit impossible de traduire cette relation purement poétique en amour véritable. Comme fondement de la rumeur, il faut quelque chose de concret, ce dont je me chargerai. À cette fin, je choisirai en ville une fille avec qui je m'arrangerai.

Ce n'était pas seulement la considération du jeune homme qui me poussait à concevoir ce plan, mais je ne peux nier qu'insensiblement j'ai regardé sa bien-aimée d'un mauvais œil. Comment ne remarquait-elle absolument rien, comment n'avait-elle pas la moindre idée de sa souffrance et de ce qui pouvait en être la cause ? Dès lors, pourquoi ne faisait-elle rien, pas une tentative pour le sauver grâce à ce dont il avait besoin ? Elle pouvait lui donner la liberté qui justement le sauverait, car elle viendrait de sa part ; par sa magnanimité, elle aurait retrouvé sa supériorité sur lui et n'aurait pas été offensée ! Je peux tout pardonner à une jeune fille, mais jamais je ne lui pardonnerai que, dans son amour, elle se trompe sur l'objet de l'amour. Lorsque l'amour d'une jeune fille n'est pas prêt au sacrifice, alors elle n'est pas vraiment femme, mais homme ; aussi me ferai-je toujours une joie de la laisser tomber à la merci de la vengeance ou du ridicule. Quelle sublime mission pour un poète comique que de produire une telle amante qui, dans sa relation amoureuse, a vidé de son sang son bien-aimé, jusqu'à l'amener dans la détresse et le désespoir, à rompre avec elle ; de laisser une telle amante interpréter le rôle d'une Elvire[11] et le remplissant avec brio, pleurée par ses parents et ses amis compatissants. C'est une Elvire qui est la prima donna dans le chœur des femmes abusées, une Elvire évoquant avec emphase l'infidélité des hommes, qui de toute évidence lui coûtera la vie, une Elvire jouant son rôle avec un aplomb et une assurance tels qu'il ne lui vient pas une demi-seconde à l'esprit que sa propre fidélité est assurément calculée pour servir à prendre la vie de son bien-aimé. Grande est la fidélité de la femme, particulièrement lorsqu'elle est rejetée ; elle est impénétrable et incompréhensible de toute éternité. La situation serait impayable si, dans sa détresse, l'amant avait gardé assez d'humour pour ne point lâcher des paroles furieuses contre elle et se contentait d'une vengeance plus cruelle en la dupant et la confortant dans l'idée qu'elle a été honteusement trahie par lui. Si tel était le cas en ce qui la concerne, je puis promettre à la jeune fille que la vengeance, si le jeune homme est en mesure de réaliser mon plan, la frappera d'une façon terrible, mais cependant avec les seules armes de la poésie. Car il est convaincu de donner le meilleur de lui même et, si elle est égoïste, cela constituera justement la punition la plus impitoyable. Il la traite avec toute la sollicitude possible dans le domaine de l'amour, mais pourtant, sa méthode la frappera le plus cruellement si elle est égoïste.

Il était d'accord et approuva mon plan. Dans une boutique de mode, je trouvai celle que je cherchais, une jeune fille plutôt belle, à qui je promis de prendre soin de son avenir si elle acceptait mon plan. Il devrait se montrer en sa compagnie en des lieux publics et lui rendre parfois visite, afin qu'il ne subsiste aucun doute quant à leur liaison. Finalement, je lui indiquai un logement dans une maison possédant une entrée sur deux rues différentes ; ainsi lui suffisait-il de traverser la maison tard le soir, et éveiller ensuite les soupçons des servantes, etc., etc., et mettre en branle les rumeurs. Lorsque tout serait mis en place, je ferais évidemment en sorte que la bien-aimée n'ignorât pas cette nouvelle relation. La couturière n'était pas mal, suffisamment en tout cas pour que l'amante, même en dehors de toute jalousie, puisse s'étonner qu'une telle fille puisse lui être préférée. Dans la mesure où je l'avais à l'œil, la couturière aurait pu être différente ; mais, comme je ne pouvais rien savoir avec certitude, et comme je ne voulais pas être malicieux envers le jeune homme, je fis mon choix dans le seul intérêt de la méthode.

La couturière fut engagée pour un an, sa relation devait durer un certain temps pour mystifier totalement la bien-aimée. Durant cette période, il devrait, en outre, s'employer à rompre, si possible, avec sa vie de poète. S'il y réussissait, il s'agirait alors d'une *redigratio in statum pristinum*[12]. Si au cours de l'année la jeune fille, ce qui était d'une extrême importance, avait en outre l'occasion de reprendre sa liberté de son propre chef, lui ne devait pas la laisser dans l'équivoque sur le résultat d'une telle opération. Si à l'instant de la répétition il arrivait qu'elle se lassât, eh bien ! il aurait agi avec noblesse.

Ainsi, le dispositif était prêt. Je tenais déjà les ficelles, et mon esprit se trouvait dans un degré de tension inhabituel quant au résultat. Il ne vint pas et je ne le revis jamais. Il n'avait pas eu le courage de réaliser ce plan. Son âme était dépourvue de la souplesse de l'ironie. Il n'avait pas eu la force de prononcer le vœu de silence de l'ironie, ni la force de le tenir. Seul celui qui garde le silence a un avenir devant lui. Seul celui qui est vraiment capable d'aimer est un homme ; seul celui qui peut donner n'importe quelle forme à son amour est un artiste. Dans un certain sens, il valait peut-être mieux qu'il ne commençât pas par là ; car il avait à peine enduré les affres de cette aventure et, dès le début, je m'étais un peu inquiété qu'il ait eu besoin d'un confident. Celui qui sait garder le silence découvre un alphabet possédant autant de lettres que l'abécédaire habituellement en usage ; il peut tout exprimer dans son argot de voleurs ; il y trouve alors le rire pouvant répondre au soupir le plus profond, le mot d'esprit exauçant la prière la plus importune. Viendra alors le moment où il croira perdre la raison et qui, si terrible soit-il, ne dure qu'un temps. C'est comme une fièvre qui vous saisit la nuit entre 11 heures 30 et minuit ; mais à 1 heure, vous travaillez mieux que jamais. Si vous pouvez résister à cette folie, alors vous allez gagner.

Pourtant, je m'étends de long en large à montrer que l'amour du ressouvenir rend justement l'homme malheureux. Mon jeune ami ne comprenait pas la répétition, il n'y croyait pas, et ne voulait pas y croire de toutes ses forces. Le plus pénible dans son cas était qu'il aimait vraiment la jeune fille ; mais, pour pouvoir l'aimer réellement, il lui fallait se sortir tout d'abord du désarroi où la poésie l'avait plongé. Il aurait pu en faire l'aveu à la jeune fille ; lorsqu'on veut congédier une jeune fille, c'est sûrement un moyen parfaitement convenable. Pourtant, il s'y refusait. Que cela soit incorrect, j'en convenais tout à fait. Cela lui aurait de la sorte ôté toute possibilité d'exister, malgré tout, sous ses propres auspices. Il se serait dispensé d'être, éventuellement, l'objet du mépris de la jeune fille, et privé de l'angoisse qui le stimulait : de savoir s'il parviendrait jamais à retrouver ce qui avait été perdu.

De quoi aurait-il été capable s'il avait cru à la répétition ? Quel degré d'intériorité n'aurait-il pas atteint dans son existence ?

Cependant, j'anticipe beaucoup plus que je ne le désirais. Mon intention visait à montrer seulement le premier instant où il était clair que le jeune homme, dans tous les sens du terme, représentait le chevalier à la triste figure amoureux selon le ressouvenir, seul heureux. Le lecteur m'autorisera peut-être à revenir une fois encore à cet instant où, enivré par le ressouvenir, il entra dans mon cabinet, alors que son cœur sans relâche « *ging ihm über*[13] » dans ces vers de Poul Møller ; il me confiait alors qu'il devait se faire violence pour ne pas rester toute la journée assis auprès de sa bien-aimée. Il répéta ces mêmes vers le soir de notre séparation. Jamais je ne pourrai les oublier ; je pourrais même effacer plus facilement le souvenir de sa disparition que celui de cet instant, tout comme cette nouvelle m'inquiéta beaucoup moins que la situation d'alors. J'étais ainsi fait. Dès le premier frisson du pressentiment, mon âme a déjà envisagé toutes les conséquences auxquelles, bien souvent, il faut beaucoup plus de temps pour se réaliser. La concentration du pressentiment est une intuition que l'on n'oublie jamais. Tel devrait être, du moins je le crois, un observateur ; mais il souffrira alors énormément. Le premier instant doit le submerger presque jusqu'à l'évanouissement, mais dans ce blêmissement l'idée l'a fécondé et dès lors, il n'est pas loin de découvrir la réalité. À défaut de cette aptitude féminine où l'idée entre avec l'homme dans un commerce quasi charnel, ce qui revient à dire à le féconder –, celui-ci ne saurait être un observateur, car celui qui ne découvre pas le tout ne découvre rien.

Lorsque nous nous séparâmes ce soir-là, et qu'il m'eut remercié à nouveau de l'avoir aidé à passer le temps (qui s'écoulait trop lentement face à son impatience), je pensai en moi-même qu'il serait probablement assez franc pour tout révéler à la jeune fille ; qui ne l'aimerait alors que davantage ? Le ferait-il ? S'il me l'avait demandé, je l'en aurais dissuadé. Je lui aurais dit : « Soyez tout d'abord ferme, au strict point de vue de l'Éros, c'est le plus sage ; à moins que votre âme soit assez sérieuse pour vous permettre de diriger votre pensée vers de plus hautes sphères. » Mais s'il a parlé, il a agi d'une façon déraisonnable.

Quiconque a eu l'occasion d'observer des jeunes filles et d'écouter leur conversation a sans doute souvent entendu ces banalités : « Untel est un brave garçon, mais ennuyeux ; par contre, tel autre est tellement intéressant et ses propos pleins de piquant. » Chaque fois que j'entends ces mots dans la bouche d'une jeune donzelle, je pense toujours : « Tu devrais avoir honte ; n'est-il pas regrettable qu'une jeune fille s'exprime de la sorte ? » Si un homme s'est égaré dans le domaine de l'intéressant, qui donc pourrait le sauver, sinon une jeune fille justement ? N'est-elle pas coupable en agissant de la sorte ? Soit la personne en question n'est pas en mesure de tenir son rôle, et il est alors indélicat d'exiger qu'elle s'en tire ; soit elle le peut, et alors..., car une jeune fille devrait être suffisamment prudente pour ne jamais provoquer l'intéressant. Celle qui le fait perdra toujours, au point de vue de l'idée, car l'intéressant ne se laisse jamais répéter ; mais celle qui s'abstient triomphera toujours.

Il y a six ans, j'étais en voyage en province à huit miles[14] et me trouvais dans une auberge en train de déjeuner. J'avais fait un agréable et excellent repas ; j'étais un peu émoustillé ; j'avais à la main une tasse de café dont je humais l'arôme lorsqu'une jeune et jolie fille, légère et gracieuse, passa devant la fenêtre et tourna dans le jardin de l'auberge ; j'en déduisis qu'elle descendait vers le port. On est jeune – j'avalai donc mon café, allumai un cigare, et m'apprêtais à me lancer à poursuivre ce signe du destin et les traces de la belle, lorsqu'on frappa à ma porte. Et qui vois-je entrer ? la jeune fille. Elle me fit une aimable révérence, et me demanda si ce n'était pas ma voiture qui stationnait dans la cour, si je n'allais pas à Copenhague et si je lui permettrais de faire la route avec moi. Cette admirable et si simple façon d'agir, pourtant bien féminine, suffit à même me faire instantanément perdre de vue l'intérêt et le piquant de la situation. Et pourtant, il est beaucoup plus intéressant de parcourir huit miles seul avec une jeune fille dans sa propre voiture, dotée d'un cocher et d'un serviteur, l'ayant entièrement à sa merci, que de la rencontrer dans un parc. Toutefois, je suis certain qu'un homme plus frivole que moi n'aurait pas éprouvé de tentation. La confiance avec laquelle la jeune fille s'en remettait à moi est un bien meilleur bouclier que toute la sagacité et les subtilités d'une jeune fille. Nous fîmes route ensemble. Elle n'aurait pas été plus en sécurité avec un frère ou un père. Je restais silencieux et distant, sauf lorsque je sentais qu'elle allait faire une remarque, et me faisais alors plus amène. Mon cocher reçut l'ordre de faire diligence. À chaque relais, nous faisions cinq minutes d'arrêt pour faire désaltérer les chevaux. Je descendais de voiture et, chapeau à la main, demandais si elle voulait quelque rafraîchissement ; mon cocher se tenait en retrait, lui aussi chapeau à la main. Quand nous approchâmes de la capitale, je demandai au cocher de prendre un chemin détourné ; puis je descendis et marchai un demi-mile jusqu'à Copenhague, pour que nulle rencontre ou événement semblable ne puisse lui causer du tort. Je ne me suis jamais préoccupé de savoir qui elle était, ni où elle habitait, la raison de son voyage impromptu ; mais elle est toujours restée pour moi un souvenir agréable, que je ne me suis jamais permis de troubler par une curiosité, même innocente. – La jeune fille qui cherche l'intéressant se fait le piège dans lequel elle se prend elle-même. Celle qui ne le cherche pas croit à la répétition. Honneur à celle qui était ainsi dès l'origine, honneur à celle qui le deviendra avec le temps.

Il me faut sans cesse répéter que c'est à propos de la répétition que je dis tout cela. La répétition est la catégorie nouvelle qui doit être découverte. Lorsqu'on comprend quelque chose à la philosophie moderne, et que l'on n'est pas tout à fait ignorant de celle des Grecs, on voit aisément que cette catégorie explique le différend entre les Éléates et Héraclite, et que la répétition est en fait ce que l'on a appelé à tort la médiation. Il est incroyable de voir tout le bruit qu'on a fait dans la philosophie hégélienne autour de la médiation, et la quantité d'inepties qui ont eu droit aux honneurs à ce sujet. Il aurait plutôt fallu examiner soigneusement la notion de médiation, et rendre ainsi un peu justice aux Grecs. Le développement de leur doctrine de l'être et du néant, le développement de « l'instant », du « non-être », etc., dament le pion à Hegel. Le terme médiation est étranger, alors que celui de répétition est un bon vieux terme danois, et je félicite la langue danoise de posséder ce terme philosophique. On n'a toujours pas expliqué à ce jour comment la médiation apparaît ; si elle est le résultat du mouvement des deux moments antagonistes, et dans quel sens elle y est déjà incluse, ou si c'est un nouvel élément qui intervient, et de quelle façon. En ce sens, l'examen du concept grec de χίνησις[15], qui correspond à la catégorie moderne de « passage[16] », mérite une grande attention. La dialectique de la répétition est simple, car ce qui est répété a existé, sinon il ne pourrait être répété ; mais c'est précisément le fait d'avoir existé qui donne à la répétition le caractère d'une nouveauté. Quand les Grecs[17] disaient que toute connaissance est réminiscence, ils entendaient par là que tout ce qui est a été ; et quand on dit que la vie est une répétition, on signifie : la vie qui a déjà été devient maintenant actuelle. Si l'on ne possède pas la catégorie de la réminiscence ni celle de la répétition, alors toute la vie se réduit à un bruit confus et insignifiant. La réminiscence est la conception païenne[18] de la vie, la répétition en est la moderne. La répétition constitue *l'intérêt* de la métaphysique, et en même temps ce sur quoi la métaphysique échoue ; la répétition est le mot d'ordre de toute conception éthique, la *conditio sine qua non* de tout problème dogmatique.

Que chacun juge comme il le veut ce que je dis à propos de la répétition ; qu'il pense également ce qu'il veut du fait que je dise cela, et sur ma façon de m'exprimer en suivant l'exemple de Hamann[19] : « *Mit mancherlei Zungen mich ausdrücke, und die Sprache der Sophisten, der Wortspiele, der Creter und Araber, Weissen und Mohren und Creolen rede, Critik, Mythologie, rebus und Grundsätze durch einander schwatze, und bald χατ' ανθωπον bald χατ' εξοχην argumentiere*[20/21] ». Si mes dires ne sont pas purs mensonges, je ferais peut-être mieux d'adresser mes aphorismes à un expert du système ; il en tirerait peut-être quelque chose, une annotation à inclure dans le système – digne pensée ! Je n'aurais pas vécu en vain !

Quant au sens de la répétition par rapport à une chose, on peut en dire beaucoup de choses sans se rendre coupable de se répéter. Lorsque, en son temps, le professeur Ussing[22] prononça devant la société du 28 Mai un discours qui n'eut pas l'heur de plaire, que fit alors le professeur, lui qui à l'époque était toujours sûr de lui et impressionnant ? Il frappa du poing sur la table et déclara : « Je le répète. » Il voulait dire que son propos gagnait à être répété. Il y a quelques années, j'entendis un pasteur tenir exactement le même discours lors de deux cérémonies. S'il avait partagé l'avis du professeur, la deuxième fois, il aurait aussi frappé du poing sur la tribune et déclaré : « Je répète ce que j'ai déjà dit dimanche dernier à propos de la répétition. » Il s'en garda, et ne se fit absolument pas remarquer. Il ne partageait pas l'opinion du professeur Ussing, et qui sait ? peut-être que ce dernier ne pense-t-il plus non plus qu'il serait utile de répéter son discours une nouvelle fois ? Lors d'une fête à la Cour, la reine raconta une histoire qui fit rire tout le monde, y compris un ministre sourd. Il se leva alors et sollicita la faveur de raconter lui aussi une histoire ; il raconta la même. Question : quelle idée avait-il du sens de la répétition ? Lorsqu'un maître d'école s'écrie : « C'est la seconde fois que je le répète, Jespersen, tenez-vous tranquille ! » et que le même Jespersen reçoit un avertissement pour dissipation répétée, il est clair que, dans ce cas, la signification de la répétition est totalement opposée.

Sans m'attarder plus longtemps à ces exemples, j'en viens au voyage de découverte que j'avais entrepris pour vérifier la possibilité et la signification de la répétition. À l'insu de tout le monde (pour éviter que tout bavardage de toute sorte me rende inapte à l'expérience, et ne pas me dégoûter de la répétition), je pris le vapeur à destination de Stralsund, et réservai une place sur la diligence pour Berlin. Parmi les connaisseurs, plusieurs opinions ont cours quant à la place la plus confortable dans une diligence. À mon avis, elles sont toutes également détestables. À mon dernier voyage, j'avais un coin fenêtre dans le sens de la marche, tout au fond de la voiture – ce que certains considèrent comme le gros lot. Pendant trente-six heures, je fus tellement secoué avec mes compagnons que, lorsque j'arrivai à Hambourg, j'avais non seulement perdu la tête, mais aussi les jambes. Les six passagers que nous étions furent tellement pétris pendant trente-six heures que nous ne formions plus qu'un seul corps ; cela me donna un aperçu de l'infortune des habitants de Mols[23], qui après être longtemps restés assis ensemble n'arrivèrent plus à reconnaître leurs propres jambes. Pour devenir, si possible, membre d'un corps plus petit, je choisis une place dans le coupé de la diligence[24]. Quel changement ! Mais tout se répéta. Le postillon souffla son cor, je fermai les yeux et m'abandonnai au désespoir, songeant comme d'habitude en pareille circonstance : « Dieu seul sait si tu le supporteras, si tu arriveras vraiment à Berlin, et dans ce cas si tu redeviendras un être humain, capable de recouvrer ta simplicité élémentaire, ou bien si tu conserveras le souvenir d'être un membre d'un plus vaste corps. »

J'arrivai pourtant à Berlin. Aussitôt, je filai à mon ancien logis afin de vérifier dans quelle mesure une répétition était possible. J'ose affirmer à tout lecteur compatissant que, la fois précédente, j'avais réussi à trouver un des appartements les plus plaisants de Berlin ; j'ose même l'affirmer d'une manière plus catégorique, car j'ai pu en voir plusieurs depuis lors. La place des Gens d'armes est la plus belle de Berlin : le théâtre, les deux églises[25] offrent un paysage splendide, surtout vus depuis votre fenêtre au clair de lune. Ce souvenir-là avait largement contribué à mon départ. On monte au premier étage d'une maison éclairée au gaz, on ouvre une petite porte : vous êtes dans l'entrée. Sur la gauche, une porte vitrée donne sur un cabinet. On va tout droit et on arrive à une antichambre ouvrant sur deux pièces absolument pareilles et meublées à l'identique, comme le ferait une pièce se reflétant dans un miroir. La pièce la plus au fond est éclairée avec goût. Un chandelier se dresse sur le bureau, près d'un élégant fauteuil tapissé de velours rouge. La pièce la plus proche n'est pas éclairée. La pâle lumière de la lune s'y mêle avec l'éclairage plus vif de la pièce du fond. On s'assoit sur une chaise près de la fenêtre, on admire la grande place, on aperçoit les silhouettes des passants courir sur les murs, tout se métamorphose en un décor de théâtre. Une réalité onirique commence à s'insinuer au fond de notre âme. On est pris d'une envie d'enfiler son manteau à la hâte, de se glisser le long des murs, l'œil aux aguets, à l'affût du moindre bruit. On n'en fait rien, on se voit seulement soi-même, plus jeune, dans la même situation. On a allumé son cigare ; on s'est retiré dans la pièce du fond et on a commencé son travail. Minuit est passé. On éteint les lumières et on allume un petit chandelier. Le clair de lune triomphe dans toute sa pureté. Une ombre se révèle encore plus sombre, un bruit de pas met plus de temps à s'effacer. La voûte céleste, sans nuages, apparaît si mélancolique et rêveuse, comme si la fin du monde était survenue et que le ciel placide s'était replié sur lui-même. On revient dans l'antichambre, puis dans l'entrée, on pénètre dans le petit cabinet, on va dormir, si l'on fait partie de ces gens heureux qui peuvent dormir. Hélas ! Aucune répétition n'est possible. Mon hôte, un droguiste, *er hatte sich verändert*[26] dans le sens caractéristique où l'allemand conçoit ce terme, et, autant que je sache, utilise « changer » comme dans certaines rues de Copenhague. Il s'était marié. Je voulais le féliciter, mais comme je n'étais pas très doué en allemand, au point d'utiliser les formules adéquates et que je n'avais guère d'expressions toutes faites prêtes à l'usage en pareilles circonstances, je me limitai à des mouvements de pantomime. Je posai ma main sur le cœur et le regardai, le laissant lire une délicate sympathie sur mon visage. Il me serra la main. Nous étant ainsi compris, il passa à un autre sujet à propos de la valeur esthétique du mariage[27]. Il y parvint facilement d'ailleurs, tout aussi efficacement que la fois précédente, quand il m'avait démontré la perfection du statut de célibataire endurci. Quand je parle allemand, je suis la personne la plus accommodante du monde.

Mon ancien hôte voulut bien me rendre service et j'acceptai volontiers de loger chez lui. J'eus droit à une chambre et à l'entrée. En rentrant chez moi le premier soir, après avoir allumé une chandelle, je me mis à réfléchir : trois fois hélas ! Cela peut-il être la répétition ? J'étais plutôt morose ou, plus précisément, dans l'humeur de cette journée ; le destin avait en effet voulu que j'arrive à Berlin lors du « *allgemeine Buss- und Bettag* »[28]. Berlin était comme ensevelie dans la poussière. On ne se jetait certes pas de la cendre aux yeux[29] en disant : *memento o homo ! quod cinis es et in cinerem revertaris* ; toute la ville était un nuage de cendres. Tout d'abord, je crus qu'il s'agissait d'une mesure du gouvernement, mais je pus constater par la suite que le vent qui se permettait une telle incongruité, sans égards pour les gens, suivait ses vilaines habitudes, car à Berlin, le mercredi des Cendres revient tous les deux jours. Cela m'éloigne cependant de mon sujet. Cette découverte ne concernait pas « la répétition », car lors de mon précédent séjour à Berlin je n'avais pas remarqué ce phénomène, probablement parce que nous étions en hiver.

Une fois confortablement installé chez soi, lorsqu'on s'est assuré ainsi un solide point d'appui d'où l'on peut s'élancer, une retraite assurée où l'on peut se retirer dans la solitude, et dévorer sa proie (j'apprécie tout particulièrement cela, car à l'image de certains carnassiers, je ne puis manger lorsqu'on m'observe), on s'informe alors des curiosités de la ville. Est-on un voyageur de profession, un courrier qui voyage pour fourrer son nez là où les autres ont pu mettre le leur, ou pour inscrire sur son journal le nom des curiosités, et mettre le sien dans le registre des visiteurs, alors on loue un *Lohndiener*[30] et on achète *das ganze Berlin*[31] pour quatre Groschen. En agissant ainsi, vous deviendrez un observateur impartial, dont la déposition sera digne de foi dans tout procès-verbal de police. Mais si vous n'êtes pas en voyage pour une affaire absolument urgente, vous vous laissez aller au hasard des choses ; parfois, vous découvrez quelque chose que les autres ne voient pas ; vous passez rapidement l'essentiel ; vous récoltez à l'occasion des impressions qui n'ont de signification que pour vous. En vagabondant ainsi dans l'insouciance, vous ne trouvez guère de choses à raconter aux autres ; et si vous le faites, vous couriez facilement le risque de ternir la bonne opinion que les braves gens pouvaient avoir quant à votre moralité et à vos bonnes mœurs. Si l'on fait de longs séjours à l'étranger, sans avoir jamais emprunté le train, ne serait-ce pas que l'on a été rejeté par toute bonne société ? Que dire de celui qui aurait été à Londres sans jamais emprunter le tunnel[32] ? Que dire de celui qui, arrivé à Rome, a été charmé par une toute petite partie de la ville lui offrant une source inépuisable de joies, et qui a quitté Rome sans avoir vu la moindre de ses curiosités touristiques !

Berlin possède trois théâtres. Les pièces et les ballets de l'Opéra doivent être grandioses ; les représentations du théâtre dramatique doivent être instructives, et pas seulement divertissantes.

À vrai dire, je n'en sais rien. En revanche, je sais qu'à Berlin se trouve un théâtre appelé Königstädter Theater. Les voyageurs officiels le visitent rarement, quoiqu'un peu plus souvent (ce qui a aussi une signification) que les lieux d'agréments joyeux mais un peu plus à l'écart, et qui rappellent à un Danois Lars Mathiesen et Kehlet[33]. Lorsque j'arrivai à Stralsund, je lus dans le journal que *Der Talisman*[34] devait être joué dans ce théâtre, je m'en réjouis tout de suite. J'avais gardé le souvenir de ce spectacle que j'avais vu lors de mon premier séjour ; cela avait rappelé dans ma mémoire un souvenir fort éloigné dans le temps.

Quel est le jeune homme doué d'un peu d'imagination qui n'ait un jour été fasciné par la magie du théâtre, et qui n'ait pas rêvé être emporté par cette réalité factice pour se voir et s'entendre tel un double, et se fondre dans la peau de tous les personnages possibles, chacun gardant pourtant son individualité ? Naturellement, c'est là une envie propre à la jeunesse. Seule l'imagination est en éveil dans sa quête de la personnalité, tout le reste sommeille encore profondément en lui. Dans une telle représentation imaginaire, l'individu n'est pas une forme réelle, mais une ombre ; ou plutôt la forme réelle est invisible ; elle ne se contente pas de jeter une ombre, mais l'individu possède une multitude d'ombres qui lui ressemblent toutes et qui, par moments, ont tout autant le droit d'être lui-même. La personnalité n'est pas encore au jour, son énergie ne transparaît que dans la passion de la possibilité ; car il en est de la vie spirituelle comme de nombreuses plantes : la pousse terminale n'apparaît qu'en dernier lieu. Pourtant, cette ombre de vie a aussi besoin d'être satisfaite, et il n'est jamais bon pour l'homme de ne pas avoir eu le temps de s'épanouir totalement ; de même qu'il est triste ou comique de voir un individu se tromper et passer toute sa vie dans cette existence élémentaire. La prétention d'un tel individu à être vraiment un homme est tout aussi douteuse que la prétention à l'immortalité chez les gens qui ne sont pas encore capables d'affronter en personne le jour du jugement dernier, mais s'y font représenter par une délégation de bonnes intentions, de résolutions d'un jour, de plans à la demi-heure, etc. L'essentiel est que chaque chose se produise en temps voulu. Quand on est jeune, chaque chose a son temps, et ce qui a eu alors son temps le retrouvera plus tard. Il est aussi sain pour l'homme mûr d'avoir dans sa vie un passé où il est redevable du rire qu'un passé qui entraîne des larmes.

Lorsque, dans une région montagneuse, on entend jour et nuit le vent reproduire invariablement le même thème, alors peut-être est-on tenté un instant de faire abstraction de l'imperfection, pour se réjouir de ce symbole de la continuité et de la certitude de la liberté humaine. On ne pense peut-être pas qu'il y eut un temps où le vent qui a élu domicile dans ces montagnes depuis de nombreuses années arriva dans ces contrées comme un inconnu, se précipitant avec une force impétueuse et insensée parmi les ravins et les cavernes, produisant tantôt un sifflement dont lui-même s'étonnait presque, tantôt un rugissement caverneux qui lui faisait même prendre la fuite, tantôt un gémissement plaintif dont il ignorait l'origine, tantôt encore un profond soupir venu des abîmes de l'angoisse, de sorte que le vent lui-même prenait peur et hésitait un instant, se demandant s'il oserait séjourner dans ces parages, tantôt enfin une danse espiègle et poétique, jusqu'au moment où, après avoir appris à jouer de son instrument, il eut accordé les différents tons à cette mélodie qu'il exécute tous les jours de façon immuable. C'est ainsi que le possible du moi s'égare dans son propre possible, en découvrant tantôt celui-ci, tantôt celui-là. Mais le possible du moi ne veut pas seulement être entendu, il n'est pas comme le temps qui s'écoule, il prend corps en même temps et veut à la fois être vu. C'est pourquoi chaque possible du moi est une ombre qui produit un son. Ce moi caché croit tout aussi peu aux grands sentiments bruyants qu'aux murmures rusés du mal, aussi peu à l'allégresse de la joie qu'aux soupirs infinis de la tristesse ; le moi veut simplement d'une façon pathétique, voir et entendre... sa propre personne (fallait-il le souligner ?). Pourtant, il ne veut pas réellement s'entendre lui-même. C'est totalement impossible. À l'instant même où retentit le chant du coq, et les fantômes crépusculaires s'enfuient, les voix de la nuit se taisent. Si elles persistent, c'est que nous nous trouvons alors sur un tout autre terrain où la scène se déroule sous le contrôle angoissant de la responsabilité ; nous sommes alors dans le domaine du démoniaque. Aussi, pour ne pas subir d'influence de son être réel, le moi caché exige un milieu éphémère et superficiel comme en offrent les ombres, comme le bruissement de l'écume des mots qui retentissent sans trouver d'écho. Tel est le milieu de la scène théâtrale qui convient tout à fait au jeu d'ombres chinoises du moi caché. Parmi la panoplie d'ombres auxquelles il s'identifie et dont la voix correspond à la sienne, il y a peut-être celle d'un chef de brigands. Le moi doit se reconnaître dans ce reflet du miroir : la figure virile du brigand, son regard vif et perçant, les traits de la passion inscrits sur son visage ridé, tout doit y figurer. Il lui faut rester à l'affût dans un col de montagne, suivre les mouvements des voyageurs, donner le coup de sifflet lançant sa bande à la charge. Sa voix doit couvrir le fracas ; il lui faut être cruel, occire tout le monde et quitter les lieux impassible ; il doit être chevaleresque envers la jeune fille effrayée, etc., etc. Un brigand a en effet sa tanière dans les sombres forêts. Si l'on voulait y transposer ce héros imaginaire avec tout son attirail, et juste le prier de se tenir tranquille en attendant, le temps de s'éloigner de plusieurs dizaines de kilomètres, pour s'abandonner ensuite à sa fureur – alors je pense qu'il deviendrait complètement muet. Peut-être lui arriverait-il la même chose qu'à un homme qui, il y a quelques années, m'honorait de ses confidences littéraires. Il vint me voir, se plaignant d'être complètement débordé par tout un foisonnement d'idées, au point qu'il lui était impossible d'écrire quoi que ce soit avec sa plume qui ne pouvait le suivre et écrire suffisamment vite. Il me pria donc d'avoir la bonté de faire office de secrétaire et d'écrire sous sa dictée. J'eus aussitôt des soupçons ; c'est pourquoi je le rassurai en lui disant que je pouvais écrire en compétition comme un cheval au galop, car j'écrivais seulement une lettre de chaque mot et lui garantissais néanmoins pouvoir lire tout ce que j'avais écrit. Ma complaisance était sans limite. Je fis installer une grande table, numérotai plusieurs feuilles de papier, pour ne pas perdre de temps à tourner les pages, étalai une douzaine de plumes d'acier avec leur porte-plume que je trempai dans l'encrier – et l'homme commença son propos ainsi : « Oui ! Voyez-vous, cher Monsieur, ce que je voudrais dire en fait, c'est que… » Lorsqu'il eut fini son discours, je le lus, et depuis ce temps-là, il ne m'a plus jamais demandé d'être son secrétaire. – Le brigand évoqué trouvera probablement qu'on passe la mesure et, dans un autre sens, qu'on est trop modeste. Non, peignez-lui plutôt un décor de coulisse avec un arbre, accrochez une lanterne par-devant, diffusant une lumière encore plus étrange, et cette forêt deviendra plus grande qu'une véritable forêt, plus vaste que les forêts vierges d'Amérique du Nord ; mais pourtant, sa voix pourra la traverser sans crainte de s'enrouer. Telle est l'humeur sophistiquée de l'imagination : faire tenir ainsi le monde entier dans une coquille de noix qui soit plus grande que l'univers, mais pas au point que le moi ne puisse la remplir.

Cette envie de jouer sur la scène et de s'y épancher ne révèle d'aucune façon une quelconque vocation théâtrale. Si elle existe, alors le talent se manifeste d'emblée comme une disposition à quelque chose de particulier, et même le plus riche des talents naissants ne possède pas une telle envergure. Cette envie ne reflète que l'immaturité de l'imagination ; car il en va autrement lorsqu'elle prend sa source dans la vanité et une inclination à vouloir éblouir. Tout cela n'a pas d'autre cause que la vanité qui, malheureusement, peut avoir de profondes origines.

Bien que, dans la vie du moi, cette étape disparaisse, elle se reproduit pourtant à l'âge adulte, lorsque l'âme s'est concentrée pour de bon. Alors que le moi ne découvre peut-être pas dans l'art un aliment suffisamment sérieux, il peut avoir envie, à l'occasion, de revenir à son état élémentaire et l'accueillir quand il se trouve dans une certaine disposition affective. Il désire se laisser influencer par le comique tout en s'attachant à le créer dans la production théâtrale. Comme ni la tragédie ni la comédie ne le satisfont, du fait de leur perfection, il se tourne vers la farce. Le même phénomène se répète d'ailleurs dans d'autres sphères. On voit parfois un individu arrivé à maturité se rassasier de cette puissante nourriture qu'est la réalité, mais rester de marbre devant une peinture dont l'art est accompli. En revanche, un tel homme peut être ému par la vue d'une représentation de Nuremberg, telle une de ces illustrations qui se trouvaient à la Bourse il n'y a pas si longtemps. On y voit un paysage représentant une campagne en général. C'est une abstraction que l'art ne parvient pas à rendre. C'est pourquoi l'impression générale est obtenue de manière tout à fait opposée, à savoir par un sujet concret « occasionnel ». Pourtant, je demanderai à chacun si un tel tableau ne lui donne pas l'impression d'un paysage campagnard « en général » et s'il ne trouve pas là cette catégorie qui remonte à son enfance. Du temps de l'enfance, quand on avait des catégories si prodigieuses que l'on en éprouve presque un vertige ; quand on découpait dans un bout de papier un homme et une femme qui étaient plus homme et femme en général qu'Adam et Ève ne pouvaient l'être. Quel que soit l'effort d'un peintre paysagiste pour restituer une fidèle représentation ou une reproduction idéale, l'individu restera peut-être de marbre ; alors qu'une telle image crée un effet indescriptible : on ne sait si l'on doit rire ou pleurer ; tout dépend de l'humeur du spectateur. Il n'est pas un homme qui n'ait connu de période où toute la richesse de la langue, toute la passion des interjections ne pouvaient lui suffire, où toute expression, toute mimique ne parvenaient pas à lui plaire, où rien ne le satisfaisait, sinon les sauts et les culbutes les plus étranges. Peut-être le même individu a-t-il appris à danser, peut-être a-t-il souvent assisté aux ballets et admiré l'art des danseurs ; peut-être est-il arrivé un temps où le ballet ne l'impressionna plus du tout ; et pourtant, il y a un temps où l'on voudrait se retirer dans sa chambre, s'abandonnant complètement à soi-même, et ressentir l'indescriptible et comique soulagement de se tenir debout sur une jambe dans une pose artistique ; ou encore vouer le monde entier à tous les diables, et tout conclure par un entrechat.

Des farces sont jouées au Königstädter Theater, réunissant naturellement un public extrêmement varié. Si l'on voulait faire une étude pathologique du rire sous l'angle de la diversité de condition sociale et de tempérament, il ne faudrait pas négliger l'opportunité qu'offre la représentation d'une farce. La jubilation et les éclats de rire du balcon et des secondes galeries sont fort différents des applaudissements d'un public critique et cultivé, c'est un accompagnement continu, sans lequel la pièce ne pourrait tout simplement pas être présentée. En général, l'action se passe dans les classes inférieures de la société ; c'est pourquoi le balcon et les secondes galeries s'y reconnaissent immédiatement, et leur vacarme et leurs bravos ne reflètent pas le jugement esthétique visant un artiste particulier, mais l'explosion lyrique de leur euphorie ; ils n'ont nulle conscience d'eux-mêmes en tant que public ; ils veulent participer à l'action en descendant dans la rue ou en tel lieu où se déroule la scène. C'est impossible, en raison de la distance, et ils se comportent comme des enfants qui ont seulement la permission d'observer de la fenêtre une bagarre dans la rue. Les premières galeries et le parterre sont également secoués par le rire, même si leur joie est fondamentalement différente de ces cris populaires cimbro-teutons ; même dans cette sphère, la gamme du rire est infiniment nuancée, dans un tout autre sens qu'à la représentation de la meilleure des comédies. On considérera qu'il s'agit là d'une perfection ou d'un défaut, tel est le fait. Toute définition esthétique générale de la farce est vouée à l'échec, elle ne saurait rallier l'approbation unanime du public cultivé ; car pour une grande partie l'effet de la farce repose sur la part d'activité créatrice qu'y prend le spectateur, chacun y trouvant son compte de la façon la plus diverse ; dans sa jouissance, on est complètement libre de toutes les règles esthétiques traditionnelles de l'admiration, du rire, de l'émotion, etc. Pour l'homme cultivé, assister à une farce est comme jouer à la loterie, sans l'inconvénient d'avoir à gagner de l'argent. Mais le public ordinaire de théâtre n'aime pas cette incertitude. Aussi néglige-t-il volontiers la farce, ou bien la considère avec dédain, pour son plus grand dommage. Un vrai public de théâtre cultive en général une certaine gravité bornée voulant ou, du moins, tenant à s'imaginer qu'il s'ennoblit et se cultive au théâtre. Il souhaite ressentir ou, plutôt, s'imagine avoir éprouvé une jouissance artistique des plus rares ; sitôt après avoir lu l'affiche, il prétend être capable de savoir à l'avance comment il passera la soirée. Il est impossible d'imaginer un tel pacte dans le domaine de la farce, car elle peut donner des impressions extrêmement diverses et offrir ce résultat si paradoxal d'être la moins captivante quand elle est la mieux jouée. On ne peut pour autant faire confiance aux voisins ou aux proches, aux critiques de gazettes pour savoir si l'on s'est amusé ou non. C'est à l'individu lui-même de décider ; et la critique n'a guère réussi à recommander un cérémonial adapté à un public de théâtre cultivé assistant à une farce. À cet égard, nul *bon ton* n'est possible. Le respect réciproque, par ailleurs si rassurant, qui intervient entre le public et le théâtre, n'est pas observé en cette circonstance ; on peut être entraîné au sentiment le plus fantasque sans jamais savoir avec certitude si l'on s'est comporté au théâtre en digne représentant de la bonne société, qui a ri et pleuré au moment opportun. On ne peut y admirer en spectateur consciencieux la finesse de description des caractères censée être présente dans le drame ; les personnages de la farce sont tous dépeints à la mesure abstraite du « général ». La situation, l'action, les répliques, tout est à cette échelle.

Aussi peut-on aussi bien être d'humeur mélancolique que porté sur le rire. Dans la farce, aucun effet n'est produit sur la base de l'ironie, tout y est naïveté et le spectateur doit tout simplement s'y abandonner ; la naïveté de la farce est si illusoire qu'il est impossible au spectateur cultivé de s'y laisser prendre. Mais il trouve dans cette participation à la farce une grande part d'amusement, comme s'il lui fallait lui-même oser se divertir, tout en cherchant désespérément à droite et à gauche ou dans les gazettes la garantie qu'il s'est réellement bien amusé. En revanche, pour le spectateur cultivé, qui est en outre suffisamment dépourvu de préjugés pour oser s'amuser en toute indépendance, suffisamment confiant pour savoir sans consulter l'avis d'autrui, s'il s'est amusé ou non, la farce aura peut-être un sens tout particulier, du fait qu'elle affectera son propre tempérament, tantôt par l'ampleur de l'abstraction, tantôt par l'introduction d'une réalité concrète. Il n'entend pas amener avec lui au spectacle une disposition de commande à laquelle il ramènerait toutes ses impressions ; mais il se sera entraîné pour être en phase et se maintenir dans un état d'esprit qui, loin d'être exclusif, implique au contraire la possibilité de tous.

Au Königstädter Theater, on joue des farces à mon avis parfaites. Naturellement, mon opinion est toute personnelle et je ne l'impose à personne, tout comme je n'en admets moi-même aucune. Pour produire une farce avec un succès absolu, la troupe des artistes doit être composée d'une certaine manière. Elle doit compter deux et au maximum trois talents incontestables, ou plutôt trois génies créateurs. Ces derniers doivent être des enfants espiègles, ivres de rire, dansant la joie ; alors qu'ils étaient auparavant des gens comme vous et moi, dès qu'ils entendent la sonnerie du régisseur ils sont métamorphosés, tels de nobles destriers arabes, se mettant à haleter, tandis que leurs naseaux dilatés trahissent le souffle de l'esprit qui les anime, prêts à s'échapper et à s'ébrouer comme des fous. Ce sont moins des artistes réfléchis qui ont étudié le rire que des lyriques qui se sont jetés dans les abîmes du rire et laissent maintenant cette force volcanique les projeter sur la scène. Ils n'ont guère prévu ce qu'ils allaient faire, mais laissent à l'instant présent et à la force naturelle du rire le soin de décider de tout. Ils ont le courage d'oser ce que l'individu n'ose risquer que lorsqu'il est seul, ce que les fous exécutent en présence de tout le monde, ce que le génie sait accomplir au nom du génie, sûr de son effet comique. Ils savent que leur espièglerie ne connaît aucune limite, que leur réserve comique est inépuisable et qu'elle les étonne eux-mêmes, presque à chaque instant. Ils savent qu'ils sont capables toute la soirée de maintenir le rire à son maximum, sans que cela ne leur demande plus d'efforts qu'il m'en coûte pour gribouiller ce papier.

Pour un théâtre destiné à la farce il suffit de deux génies semblables ; trois est le maximum possible, sinon l'effet s'affaiblit, tout comme un être humain peut mourir d'hyperesthésie. Les autres acteurs n'ont pas besoin d'un tel talent, c'est même déconseillé. Ils n'ont pas non plus besoin d'être choisis selon les canons de la beauté, il faut plutôt les réunir au hasard. Tout le reste de la troupe peut être aussi éclectique que cette société qui, d'après Chodowiecki, fonda Rome[35]. Il n'est même pas nécessaire de rejeter quelqu'un en raison de défauts physiques ; bien au contraire, ces aléas conviendront à merveille. Si l'un a les jambes arquées, les genoux cagneux ou trop efflanqués, ou encore s'il a interrompu sa croissance avant terme, bref s'il représente d'une façon ou d'une autre un spécimen défectueux du genre humain, il peut facilement être employé dans la farce, et l'effet qu'il produira pourra être incalculable. Juste après l'idéal, le fortuit apparaît précisément sans aucune transition. Un homme d'esprit déclara un jour que l'on pouvait diviser l'humanité en plusieurs catégories : les officiers, les servantes et les ramoneurs[36]. À mon sens, cette remarque n'est pas seulement spirituelle, elle est très profonde, et il faudrait un grand talent spéculatif pour trouver une meilleure classification. Lorsqu'un classement n'épuise pas d'une façon idéale son objet, alors n'importe lequel est préférable, car cela met en branle l'imagination. Une classification un tant soit peu juste ne peut pas satisfaire la raison ; elle ne représente rien pour l'imagination ; c'est pourquoi il faut absolument la rejeter même si, dans son usage quotidien, elle jouit encore d'un grand honneur, d'une part grâce à la sottise des hommes et d'autre part grâce à leur manque d'imagination. Au théâtre, si l'on veut avoir une représentation d'un homme, il faut soit exiger un acteur incarnant de manière rigoureuse l'idée qu'il représente, soit laisser au hasard le soin de présenter le premier venu. Les théâtres qui ne sont pas seulement destinés au plaisir devraient satisfaire au premier de ces desiderata. Cependant, on se contente du fait qu'un acteur soit un bel homme au physique avantageux, au beau minois de jeune premier, et possédant une belle voix. Quant à moi, cela me satisfait rarement, car sa prestation éveille *eo ipso*[37] la critique. Et sitôt lancée la critique, on n'en finit plus de décider quelles sont les qualités requises qui font un homme, et il n'est d'ailleurs pas facile de satisfaire aux exigences à ce sujet ; on me donnera raison sur ce point si l'on pense à Socrate[38] qui, particulièrement doué en connaissance de l'homme et de soi, « ne savait pas avec certitude s'il était un être humain, ou bien une bête encore plus instable que Typhon ». En revanche, dans la farce, les petits rôles fonctionnent dans la catégorie abstraite du « général », à laquelle ils arrivent par le quelconque de leur être concret. D'ailleurs, on n'a pas dépassé les limites de la réalité, ce qu'il faut éviter. Mais le spectateur s'en accommode en voyant de façon comique cette contingence prétendre représenter l'idéal ; ce qu'elle réalise en faisant son entrée dans le monde fictif de la scène théâtrale. S'il fallait faire une exception dans le cas d'un personnage secondaire, cela concernerait le rôle de l'amante. Elle ne doit en aucune façon être une artiste ; lorsqu'on la choisit, on peut veiller à ce qu'elle soit avenante, que son allure, sa prestation sur scène soient plaisantes et bienfaisantes, qu'elle soit agréable à regarder, au point que l'on puisse souhaiter l'avoir en sa compagnie.

Le personnel du Königstädter Theater correspond en gros à mes desiderata. Si je devais faire une objection, elle concernerait les acteurs de second plan, car je n'ai rien à objecter concernant Beckmann[39] et Grobecker. Beckmann est un génie comique confirmé purement lyrique qui s'envole dans le comique ; il ne se distingue pas par la peinture du caractère, mais par la richesse de son tempérament. Il n'a guère de grandeur dans le commensurable artistique, mais il est admirable dans l'incommensurable de sa personne. Il n'a nullement besoin de s'appuyer sur le jeu collectif, la mise en scène et les arrangements ; car il est dans le ton, amenant avec lui ce qui est nécessaire ; tout en ayant une fougue extraordinaire, c'est lui qui pose la véritable peinture de sa scène, et ce malgré les peintres de décor. Baggesen[40] dit à propos de Sara Nickels qu'elle se précipite sur scène avec un paysage champêtre derrière elle ; cela vaut aussi pour B.[41] avec raison, sauf qu'il entre sur scène en marchant. Sur une scène artistique authentique, on voit rarement un acteur sachant réellement marcher et s'immobiliser. Cependant, j'en ai vu un seul ; mais ce dont B. est capable, je ne l'ai encore jamais vu. Il sait non seulement marcher, mais il sait *arriver en marchant* ; cela est tout à fait différent et, grâce à ce trait de génie, il parvient en outre à improviser son décor. Il peut interpréter non seulement un jeune compagnon errant sur la grand-route, mais il peut arriver en marchant de la même façon, si bien que l'on vit tout une scène ; au-delà de la route poussiéreuse, on découvre un paysage riant, on entend ses bruits assourdis, on aperçoit le sentier courant là-bas autour de la mare, près du forgeron – on voit B. arriver en marchant, portant son petit paquet sur la nuque, son bâton à la main, insouciant et infatigable. Il sait entrer en scène en marchant, suivi des gamins de rue que l'on ne voit pas. Même le Dr Ryge[42], dans *Le Roi Salomon et Jørgen le chapelier*, ne pourrait produire un tel effet. Oui, M. B. est une véritable économie pour un théâtre, car avec lui vous n'avez besoin ni de gamins de rue ni de coulisses. Pourtant, ce jeune compagnon est en vérité trop vaguement esquissé dans sa silhouette d'ailleurs magistrale pour offrir une peinture de caractère, il est un incognito où réside le démon de la folle comédie qui rapidement se déchaîne, entraînant tout dans son débordement. À cet égard, la danse de B. est incomparable. Quand il a chanté son couplet, la danse peut commencer. Ce qu'ose faire B. est à vous couper le souffle. Il ne se contente pas de la stricte exécution de ses figures de danse : il est maintenant complètement déchaîné. La frénésie du rire ne peut plus se contenir en lui, que ce soit dans les mimiques ou dans les répliques ; seule la parodie de Münchhausen[43], qui se prend par le cou et s'abandonne en cabrioles insensées est en conformité avec cette ambiance. Comme nous l'avons vu, chacun peut sentir l'effet apaisant de cette folie ; mais pour le reproduire sur scène, il faut un génie extraordinaire, sinon tout deviendrait affligeant.

Tout comique burlesque doit avoir une voix reconnaissable dès les coulisses, de façon à lui frayer la voie. B. possède une voix extraordinaire, ce qui n'est pas du tout la même chose que posséder un bon organe vocal. La voix de Grobecker est plus criarde, un seul mot de lui venant des coulisses produit le même effet que trois sonneries de trompette dans le parc aux cerfs près de Copenhague ; on est prêt à rire. De ce point de vue, je donne néanmoins à Gr. l'avantage sur B. À la base, il y a chez ce dernier un certain bon sens indomptable dans sa pétulance, par lequel il atteint la frénésie. En revanche, Gr. s'y élève parfois par un certain type de sentiment langoureux allant jusqu'à l'excès. Tel est le souvenir que j'ai gardé de lui dans une farce où il jouait un intendant, qui dans sa foi en l'importance des grandes cérémonies pour embellir la vie de ses maîtres ne pense qu'à offrir une fête champêtre en prévision de l'arrivée de ses très honorés maîtres. Tout est prêt, Gr. a choisi de jouer Mercure. Il n'a pas abandonné son costume d'intendant et s'est contenté de fixer des ailes à ses pieds et de se coiffer d'un casque ; il adopte une pose pittoresque sur une jambe, et veut commencer son discours à l'intention de ses maîtres. Gr. n'est pas un lyrique aussi éminent que B, pourtant il possède un sens lyrique du rire. Il a un certain penchant pour la correction et accomplit souvent des performances géniales, particulièrement dans le comique pince-sans-rire, mais il n'est pas ce puissant ferment irriguant toute la farce comme peut l'être B. C'est toutefois un génie, et un génie adapté à la farce.

On entre au Königstädter Theater. On prend place aux premières galeries, là où il y a relativement moins de spectateurs. Pour assister à une farce, il faut être assis confortablement, sans être gêné par la solennité de l'art, pour laquelle nombre de gens se laissent entasser dans un théâtre, assistant à une pièce comme s'il en allait de leur salut. L'air du théâtre est assez pur, il n'est pas infecté par la sueur d'un public sensible à l'art ou par les exhalaisons d'un public passionné d'art. Aux premières galeries, on est assez sûr de trouver une loge pour soi tout seul. Si tel n'était pas le cas, je me permets de recommander au lecteur, pour qu'il puisse bénéficier au moins de mes écrits, les loges nos 5 et 6 « *links* »[44]. Il y a là, dans un coin, une place juste réservée pour une seule personne, où l'on est incomparablement bien assis. On est donc tout seul dans sa loge ; le théâtre est vide ; l'orchestre joue une ouverture, la musique résonne dans la salle, quelque peu étrange, car le théâtre est vraiment désert. On n'est pas venu au théâtre en touriste, en esthète ou en critique, mais si possible comme un véritable anonyme, et on est ravi d'être assis confortablement, presque aussi bien que dans sa propre chambre. L'orchestre a fini, le rideau se lève un peu ; alors attaque cet autre orchestre, qui ne suit pas la baguette du chef d'orchestre mais sa propre impulsion ; ce deuxième orchestre-là, c'est le bruit naturel de la galerie, qui a déjà deviné B. dans les coulisses. D'habitude, je m'asseyais bien en retrait dans la loge, aussi ne pouvais-je apercevoir le deuxième balcon ni la galerie qui, telle une visière de casquette, débordaient au-dessus de ma tête. Tout ce bruit créait en moi une impression d'autant plus féerique. Partout où je portais mon regard s'étendait pour une grande part le vide ; la grande salle du théâtre prenait pour moi la forme du ventre du monstre marin où se trouvait Jonas ; le chahut de la galerie avait commencé à produire sa propre musique, il n'était plus besoin d'accompagnement, car B. l'animait, et elle animait B.

Inoubliable gouvernante, toi la nymphe frivole qui habitais près du ruisseau coulant non loin de la ferme de mon père, qui prenais toujours une part active à mes jeux d'enfant, secourable, bien que soucieuse de toi seulement ! Toi, ma fidèle consolatrice, qui au fil des années as conservé ta pureté innocente, toujours jeune tandis que je vieillissais. Toi, discrète nymphe auprès de qui je venais chercher refuge, lassé des hommes et de moi-même, tant j'avais besoin de l'éternité pour me reposer, si triste qu'il me fallait une éternité pour pouvoir oublier. Jamais tu ne m'as refusé ce que les hommes voulaient me dénier, en rendant l'éternité aussi agitée et même plus terrifiante que le temps. Alors, je m'étendais à tes côtés et m'évadais dans l'espace céleste immense au-dessus de ma tête, m'abandonnant à ton murmure berceur ! Ô part de moi-même combien plus heureuse, ô vie fugitive du ruisseau coulant devant la ferme de mon père, où je gis étendu, et où mon corps ressemble au bâton posé par le pèlerin ; mais je trouve le salut et la délivrance dans ton murmure mélancolique ! Ainsi me reposais-je dans ma loge, jeté tel un costume de bain, allongé au bord des flots de l'espièglerie et de l'allégresse, qui bouillonnaient irrésistiblement devant moi. Je ne voyais que la salle du théâtre ; je n'entendais plus que le vacarme dans lequel je baignais. De temps à autre, je me redressais et apercevais Beckmann ; je riais tant qu'épuisé, je retombais à nouveau sur les rives du fleuve tumultueux. C'était déjà la félicité et pourtant il me manquait quelque chose. Alors que j'examinais les alentours, j'aperçus dans ce désert une silhouette qui me réconforta encore plus que ne le fit Vendredi à l'égard de Robinson. Dans une loge située juste en face de la mienne, une jeune fille était assise au troisième banc, à demi cachée par un couple âgé, assis au premier rang. La jeune fille n'était certainement pas venue pour se montrer puisque, dans ce théâtre, on est totalement dispensé de ces exhibitions féminines exécrables. Elle était assise au troisième banc ; sa tenue était simple, voire modeste, presque domestique. Elle n'était pas drapée de martre et de zibeline, mais d'un grand châle où son humble visage se penchait, telle la plus haute clochette d'une tige de muguet qui s'incline hors de ses feuilles. Quand j'avais suivi Beckmann et que tout mon corps avait été secoué par le rire, quand je retombais dans la langueur et me laissais transporter par le flot des cris de liesse et de gaieté, quand je sortais de ce bain en reprenant mes sens, mes yeux partaient à sa recherche et sa vue réconfortait tout mon être par son infinie douceur. Et, quand la farce laissait échapper une tonalité plus pathétique, je l'observais encore, et tout son être me projetait dans l'abandon, car elle était assise comme repliée sur elle-même, avec son calme sourire d'enfant étonnée. Comme moi, elle venait là chaque soir. Parfois, je me demandais ce qui pouvait bien l'attirer ici, mais mes pensées restaient semblables à de vagues états d'âme la concernant ; par moments, j'avais l'impression qu'elle devait avoir beaucoup souffert, pour s'emmitoufler et s'enfermer ainsi dans son châle, comme pour se réfugier du monde extérieur ; mais soudain, son visage me révéla qu'elle était une enfant heureuse qui se serrait dans son châle pour pouvoir pleinement jouir du spectacle. Elle ne se doutait pas qu'elle était observée, ni que mon regard la scrutait ; cela aurait été un péché à son égard, et bien pire pour moi ; car il est une innocence, une candeur, que même la pensée la plus pure peut troubler. On n'éprouve pas soi-même une telle chose, mais si votre bon génie vous révèle où elle se cache, alors gardez-vous de la blesser et de contrarier votre génie. N'aurait-elle fait que soupçonner ma joie secrète à demi enflammée, tout aurait été perdu et irréparable, même avec tout son amour.

À quelques miles de Copenhague, je sais où demeure une jeune fille ; je connais ce grand jardin ombragé aux arbres et aux bosquets innombrables. Je sais où se trouve, non loin de là, un petit coteau couvert de fourrés d'où l'on peut épier le jardin, dissimulé par les fourrés. Je ne l'ai révélé à personne ; même mon cocher l'ignore, car je le berne en descendant de voiture un peu avant, me dirigeant à droite au lieu de prendre à gauche. Quand toute mon âme ne trouve plus le sommeil, et que la vue de mon lit m'effraie plus qu'une machine à supplices, plus que le malade ne craint le lit d'opération[45], je roule toute la nuit. Au petit matin, je suis à l'affût, caché dans mes fourrés. Lorsque la vie commence à s'animer, que le soleil ouvre l'œil, que l'oiseau s'ébroue, lorsque le renard se glisse hors de sa tanière, que le paysan se tient sur le pas de la porte et scrute son champ, lorsque la jeune laitière part dans les prés son seau à la main, que le moissonneur laisse sa faux vibrer et se réjouit de ce prélude qui devient le refrain du jour et du labeur – c'est alors qu'arrive également la jeune fille. Qui pourrait garder le sommeil ! Qui pourrait encore dormir ! Au point que le sommeil lui-même devienne un fardeau encore plus pesant que le jour ! Qui pourrait se lever de sa couche comme si l'on n'y avait pas reposé, tant son aspect reste frais et sa vision un réconfort ; comme si le dormeur s'était seulement penché sur elle, la préparant pour la nuit ! Qui pourrait expirer ainsi en laissant, à l'ultime voyage, un lit de mort plus attrayant à contempler que la couche consciencieusement bordée par la mère pour que l'enfant puisse y jouir d'un sommeil paisible ? Alors s'avance la jeune fille, jetant aux alentours un regard étonné ; mais qui est le plus étonné, la fille ou les arbres ? Elle s'accroupit, fait sa cueillette de fruits parmi les bosquets ;

elle gambade d'un pas léger aux alentours ; puis elle s'arrête, toute pensive. Quelle merveilleuse invitation ne se cache pas dans cette scène ! Et mon âme trouve enfin le repos. Heureuse jeune fille ! Si un homme gagne un jour ton amour, puisses-tu le rendre heureux en étant tout pour lui, comme tu me rends heureux en ne faisant rien pour moi.

Der Talisman devait être joué au Königstädter Theater ; son souvenir me revenait, tout reprenait vie devant moi, comme la dernière fois. Je me précipitai au théâtre. Il était impossible de trouver une loge pour moi tout seul, pas même aux numéros 5 et 6, sur la gauche. Je dus en prendre une sur la droite. J'y trouvai des gens qui ne savaient s'ils allaient s'amuser ou s'ennuyer, ce genre de compagnie que l'on peut avec certitude qualifier d'assommante. Il n'y avait pratiquement pas de loge de libre. La jeune fille était introuvable ou, si elle était là, je n'avais pu la reconnaître en société. Beckmann n'arrivait pas à me faire rire. Je persévérai une demi-heure puis quittai le théâtre en pensant : « Pas la moindre répétition. » Cela me fit un choc. Je ne suis plus tout jeune, ni ignorant de la vie, et, déjà avant mon précédent voyage à Berlin, j'avais perdu l'habitude de tabler sur l'imprévisible. J'avais pourtant l'impression que le signe que j'avais reçu dans ce théâtre serait d'un genre plus durable, car il a fallu apprendre, de maintes façons, à simplifier son existence, mais néanmoins se tirer d'affaire, avant d'en connaître précisément le sens ; mais on devrait alors d'autant plus sûrement pouvoir compter sur elle. La vie devrait-elle être encore plus décevante qu'un commerçant en faillite ! Il rembourse néanmoins 50 %, ou encore 30 %, quelque chose en tout cas. Le comique est sûrement la moindre des choses que l'on puisse exiger ; ne se refuserait-il pas lui aussi à la répétition ?

Je retournai chez moi avec ces idées en tête. Ma table de travail m'attendait. Le fauteuil de velours était toujours là ; mais, en l'apercevant, je fus pris d'une telle colère que je l'aurais brisé en mille morceaux, d'autant plus que tout le monde à la maison était parti se coucher, et que personne ne pouvait l'ôter de là. À quoi peut bien servir un fauteuil en velours lorsque le cadre habituel n'y correspond pas ? C'est comme si un homme se promenait tout nu coiffé de son tricorne. J'allai me coucher sans avoir eu la moindre pensée raisonnable ; il faisait si clair dans la chambre que je voyais sans arrêt le fauteuil, que ce soit éveillé ou dans mes rêves, jusqu'à ce que, me levant le lendemain matin, j'exécute ma décision et le fasse jeter dans un recoin.

Mon propre foyer m'était devenu insupportable, il s'agissait justement d'une répétition manquée ; ma pensée était stérile, mon imagination attristée transformait continuellement, comme par magie, mes souvenirs en plaisirs de Tantale, sur la façon dont les pensées s'étaient offertes d'elles-mêmes la fois précédente, et cette ivraie du souvenir étouffait chacune de mes pensées dans l'œuf. J'allai chez le confiseur où, la fois précédente, j'avais coutume de me rendre chaque jour savourer ce breuvage qui, lorsqu'il est, selon les prescriptions du poète[46], chaud, pur, fort et utilisé avec modération, peut toujours aller de pair avec l'amitié à laquelle le poète le compare. Je préfère en tout cas le café. Peut-être était-il aussi délicieux que la fois précédente, on aurait pu l'imaginer, mais pour moi il n'avait plus aucun goût. Le soleil embrasait les vitres de la boutique, la pièce était étouffante, comme l'air d'une casserole sur le feu, prête à vous faire bouillir ; un courant d'air, tel un léger alizé transperçant tout sur son passage, m'empêcha de songer à une quelconque répétition, même si une possibilité se fût offerte.

Le soir venu, j'allai dans un restaurant où j'avais coutume de me rendre la fois précédente, et où je m'étais trouvé bien, probablement grâce à l'habitude. J'y venais chaque soir, je reconnaissais tout avec la plus grande précision ; je savais quand les premiers clients repartaient, comment ils saluaient la compagnie, s'ils mettaient leur chapeau dans la pièce la plus reculée, ou la plus proche de la sortie, ou bien dès qu'ils ouvraient la porte, ou encore après avoir passé la porte. Personne n'échappait à ma vigilance ; comme Proserpine[47], j'arrachais un cheveu à chaque crâne, même aux chauves. – C'était tout à fait pareil : les mêmes plaisanteries, les mêmes politesses, les mêmes paroles amicales, le lieu n'avait pas changé – bref je retrouvais le même dans le même. Salomon[48] dit que la querelle d'une femme est comme les gouttes tombant du toit ; qu'aurait-il pensé de cette *Stilleben*[49] ? Terrible pensée : là une répétition était possible.

Le soir suivant, je revins au Königstädter Theater. La seule chose qui se répéta fut l'impossibilité d'une répétition. « Unter den Linden[50] », couverte de poussière, était insupportable ; toute tentative pour se mêler aux gens et prendre ainsi un bain de foule inspirait le plus vif dégoût. Quelle que fût la façon dont je dirigeais mes pas, tout était inutile. La dernière fois, la petite danseuse, qui m'avait envoûté par son charme, était sur le point de sauter le pas, si l'on peut dire, et l'avait effectivement fait ; l'aveugle de la porte de Brandebourg, mon joueur de harpe – car j'étais sûrement le seul à me soucier de lui –, avait hérité d'un manteau en tissu gris mêlé, au lieu du vert clair qui me faisait rêver, et dans lequel il ressemblait à un saule pleureur. Il était perdu pour moi, mais gagné pour le commun des mortels ; l'étonnant nez de l'appariteur était devenu blême ; le professeur A. A. avait de nouveaux pantalons qui lui donnaient une allure presque militaire…

Lorsque cela se reproduisit pendant quelques jours, la répétition me déçut tellement que je décidai de rentrer chez moi. Ma découverte n'était pas remarquable mais pourtant, elle était étrange ; j'avais appris que la répétition n'est qu'une chimère. Je m'en étais convaincu en essayant de la rééditer de toutes les façons possibles.

Mon espoir ne se trouvait plus qu'à la maison. Justinus Kerner[51] raconte quelque part qu'un homme lassé de son logis fit seller son cheval pour parcourir le monde. Après avoir chevauché un certain temps, le cheval le désarçonna. Cet événement fut déterminant pour lui ; alors qu'il se tournait pour remonter sur son cheval, son regard tomba une nouvelle fois sur sa demeure qu'il voulait abandonner et, merveille, ses yeux s'ouvrirent ! Elle était si belle qu'il fit aussitôt demi-tour. Chez moi j'osais espérer d'une manière quasi certaine retrouver toutes choses prêtes pour la répétition. J'ai toujours éprouvé de la méfiance pour tout ce qui est changement, au point que, pour cette raison, je déteste même tous les nettoyages possibles, et par-dessus tout le nettoyage à grandes eaux. J'avais donc laissé les plus strictes instructions pour que l'on respectât mes principes conservateurs, même en mon absence ; pourtant, qu'arriva-t-il ? Mon fidèle serviteur avait un avis tout différent. Il pensait sûrement qu'en entamant ce chambardement peu après mon départ, celui-ci serait fini avant mon retour ; il est en effet homme à tout ranger en ordre, le plus exactement du monde. J'arrive, je sonne à ma porte et il m'ouvre. Cet instant fut révélateur ; il devint pâle comme un cadavre et, par l'entrebâillement de la porte, j'aperçus l'horreur même : toute la pièce était sens dessus dessous. Je me figeai. Dans son affolement, il ne sut que faire, dans sa mauvaise conscience, il me ferma la porte au nez. C'en était trop, ma détresse était à son comble, mes principes s'écroulaient, je devais craindre le pire : à l'instar du conseiller commercial Grønmeyer[52], être traité comme un revenant. Je réalisai qu'il n'y avait pas de répétition, et que mon ancienne conception de la vie avait triomphé.

Quelle honte pour moi qui avait été si plein d'assurance avec ce jeune homme ; je me retrouvais maintenant au même point que lui ; j'eus vraiment l'impression d'être ce même jeune homme, et mes grands mots, que je ne voudrais maintenant répéter à aucun prix, n'étaient en fait qu'un rêve dont je m'éveillais pour voir la vie *reprendre* irrésistiblement et traîtreusement tout ce qu'elle avait donné, sans offrir la moindre répétition. N'est-ce d'ailleurs pas ainsi : plus on vieillit, et plus la vie se montre trompeuse ; plus on devient sage, plus on apprend les façons de se tirer d'affaire, plus on en ressort troublé, plus on en souffre ! Un petit enfant ne peut pas se débrouiller tout seul, mais il s'en sort toujours bien. Je me rappelle avoir vu un jour dans la rue une nourrice poussant devant elle une poussette où se trouvaient deux bébés. L'un d'eux ayant à peine un an était endormi, et ne ressemblait guère à un être humain. Le deuxième était une petite fille d'environ deux ans, corpulente, potelée, aux bras courts, une vraie petite madame. Elle s'était installée dans la voiture en prenant, tout bien pesé, les deux tiers de la place ; le plus jeune enfant était couché à côté, tel un sac que madame aurait emmené avec elle dans la poussette. Dans son égoïsme admirable, elle semblait nullement se soucier des autres sinon d'elle-même ; et pas davantage des faits et gestes du monde humain, du moment qu'elle pouvait se procurer une bonne place. C'est alors que déboucha une charrette allant grand train ; la poussette était en danger. Les gens accoururent, mais d'un mouvement rapide, la nourrice propulsa la poussette sous une porte cochère ; tous les témoins étaient inquiets, moi y compris. Pendant ce temps, la petite madame était tranquillement assise sans broncher, continuant de se curer le nez. Elle pensait probablement : quoi qu'il m'arrive, c'est l'affaire de la nourrice. On cherchera en vain un tel courage chez un adulte.

Plus on vieillit, mieux on comprend la vie et le goût du plaisir, et les dons pour le goûter ; bref, plus on devient compétent, moins on est satisfait. On n'est jamais totalement comblé de toutes les façons possibles ; et l'être relativement n'en vaut pas la peine ; mieux vaut être totalement insatisfait. Quiconque a étudié soigneusement la chose me donnera raison, à savoir qu'il n'est jamais accordé à l'être humain d'être entièrement satisfait de toutes les manières possibles et imaginables, guère plus d'une demi-heure dans toute sa vie. Il n'est pas besoin d'ajouter que pour cela il faut un peu plus que les besoins primaires que sont la nourriture et le vêtement. J'ai approché, une fois, cet état de bien près. Je me levai un matin en éprouvant le sentiment d'être anormalement bien ; à l'encontre de toute analogie, ce bien-être augmenta dans la matinée ; à 1 heure précise, je me trouvai au summum et pressentis le maximum vertigineux, que l'on ne peut en aucune sorte mesurer sur une quelconque échelle de bien-être, pas même au thermomètre de la poésie. Mon corps avait perdu sa pesanteur ; comme si je n'en avais plus, car chaque fonction se trouvait totalement satisfaite ; chaque nerf se délectait pour son propre compte et pour celui de l'ensemble ; chaque battement de cœur ne traduisait l'agitation de l'organisme que pour rappeler et signaler le contentement de l'instant. Je marchais en planant, non comme l'oiseau fendant l'air et quittant la terre, mais plutôt comme le vent tourbillonnant sur les blés, comme la vague langoureuse sur la mer, comme le glissement du nuage en proie aux rêves. Mon être était transparent comme les profondeurs abyssales de la mer, comme le silence paisible de la nuit, comme la sérénité portée sur le soliloque du midi. Tout sentiment reposait en mon âme dans une mélodieuse résonance. Chaque pensée s'offrait, chaque pensée se présentait avec la solennité de la béatitude, que ce soit la lubie la plus absurde ou l'idée la plus riche. Chaque impression était pressentie avant qu'elle ne surgisse, et s'éveillait ainsi en moi. La vie entière s'était comme éprise de moi, tout frémissait dans un rapport à mon être fatal ; tout en moi était présage, et toute énigme se résolvait dans mon bonheur microcosmique, où tout s'expliquait en soi, même les choses déplaisantes, la remarque gênante, la vue de ce qui répugne, le choc le plus fatal. Comme nous l'avons vu, à 1 heure j'étais à l'apogée de cet état, où je pressentais le suprême, lorsque soudain quelque chose se mit à gratter l'un de mes yeux ; était-ce un cil, une miette, un grain de poussière ? Je n'en sais rien mais ce que je sais, c'est qu'au même instant je sombrai dans les abîmes du doute. Une chose que quiconque comprendra facilement, s'il s'est élevé jusqu'aux mêmes cimes que moi, et si à ce stade, il était en outre préoccupé par la question de savoir dans quelle mesure le contentement absolu peut être accessible. Depuis lors, j'ai abandonné tout espoir de ne jamais me retrouver absolument satisfait et de toutes les manières ; j'ai abandonné l'espoir que j'avais jadis nourri, non pas d'être en tout temps absolument satisfait, mais néanmoins à certains instants, même si ces fractions d'instants n'étaient pas plus nombreuses que ce que Shakespeare[53] décrit ainsi, où « une arithmétique de débitant de bouteilles suffisait à les additionner ».

J'en étais déjà à ce stade avant de faire connaissance de ce jeune homme. Dès que je me posais la question, ou entendais demander si une satisfaction parfaite est possible, même pour une demi-heure, je montrais toujours « *renonce*[54] ». De temps à autre, je comprenais alors l'idée de la répétition et en étais alors enthousiasmé ; en quoi je fus une nouvelle fois victime de mon zèle pour les principes, car je suis totalement convaincu que, même si je n'avais pas accompli ce voyage afin de vérifier cette idée, je me serais merveilleusement amusé, comme la première fois. Quel malheur que je ne puisse m'en tenir au général, que je veuille des principes ; mais je ne puis marcher chaussé comme les autres : je veux des bottes de voyage ! Tout le monde n'est-il pas d'accord : les orateurs cléricaux et séculiers, les héros et les poltrons, sur le fait que la vie est un fleuve ? Où peut-on trouver une idée aussi insensée que la répétition et, ce qui est encore plus ridicule, vouloir en faire un principe ? Mon jeune ami pensait : laisse courir ; en quoi il se trouvait mieux inspiré que s'il avait voulu commencer la répétition. Alors, il aurait sûrement retrouvé sa bien-aimée, comme l'amant d'une chanson populaire qui, voulant lui aussi la répétition, la découvrit quand il vit sa dame devenue nonne aux cheveux ras et aux lèvres exsangues. Après tout, il voulait la répétition et il l'obtint ; et celle-ci l'anéantit.

Das Nönnlein kam gegangen
In einem schneeweissen Kleid ;
Ihr Häärl war abgeschnitten,
Ihr rother Mund war bleich.

Der Knab, er setz sich nieder,
Er sass auf einem Stein ;
Er weint die hellen Thränen,
Brach ihm sein Herz entzwei[55].

Vive le cor de postillon ! C'est mon instrument, pour de nombreuses raisons et surtout parce qu'on ne peut jamais avec certitude en tirer le même son ; il offre d'infinies possibilités, et celui qui le porte à la bouche pour y déposer son savoir ne se rendra jamais coupable de répétition ; celui qui, en guise de réponse, tend à son ami un cor de postillon pour qu'il en fasse un agréable usage, sans dire un mot, il explique cependant tout. Vive le cor de postillon ! C'est mon symbole. Tout comme les anciens ascètes posaient sur la table une tête de mort, dont la vue représentait leur conception de la vie, de même le cor de postillon posé sur ma table me rappellera toujours quel est le sens de la vie. Vive le cor de postillon ! Non, restez tranquillement assis dans votre chambre, puisque tout n'est que vanité et ne fait que passer, ainsi on voyagera plus rapidement qu'en train, même en restant sagement assis chez soi. Puisque, tout devra me le rappeler, mon serviteur portera la livrée des postes, et moi je n'irai pas dîner en ville sans prendre la poste. Adieu ! Adieu ! Toi, riche espoir de jeunesse, pourquoi te hâtes-tu autant ; ce que tu poursuis n'existe pas, pas plus que toi ! Adieu, toi force virile ! Pourquoi frappes-tu si fort le sol, ce que tu foules n'est qu'une illusion ! Adieu, toi, projet victorieux ; tu atteins certes ton but, bien que tu ne puisses emporter avec toi ton action sans te retourner ; cela, tu n'en es pas capable. Adieu, toi, charmante forêt ; quand j'ai voulu te contempler, tu étais déjà flétrie. Cours, toi, fleuve vivace ! Le seul à vraiment savoir ce qu'il veut, car tu veux seulement couler et te perdre dans la mer qui jamais ne sera remplie ! Va de l'avant, toi, théâtre de la vie, que personne ne peut appeler comédie, que personne ne peut appeler tragédie, car jamais personne n'en voit la fin. Va de l'avant, théâtre de l'existence, où la vie n'est pas davantage rendue que l'argent ! Pourquoi personne n'est-il jamais revenu de la mort ? Parce que la vie ne sait pas captiver comme la mort, parce que la vie ne possède pas cette force de persuasion. Oui, la mort persuade parfaitement lorsque, simplement, on ne veut pas la contredire mais qu'on lui laisse poursuivre son discours ; alors, elle convainc instantanément, et jamais personne n'a trouvé un mot à lui objecter ou n'a regretté l'éloquence de la vie. Ô mort ! Grande est ta persuasion, et après toi il n'est personne qui ne puisse parler aussi joliment que cet homme dont l'éloquence lui valut le nom de πεισιθανατος[56], car, grâce au pouvoir de la persuasion, il sut parler de toi avec l'accent de la persuasion !

La Répétition

Le temps passa ; mon serviteur, telle une Ève domestique, avait réparé ce qu'il avait dérangé. Un ordre monotone et uniforme régnait dans toute ma demeure. Tout ce qui ne pouvait marcher se trouvait à sa place précise, et tout ce qui le pouvait suivait le chemin habituel : mon horloge, mon serviteur et moi-même, qui arpentais le parquet à pas mesurés. Je m'étais pertinemment convaincu qu'aucune répétition n'était possible, mais il restait toujours vrai et certain que, par la constance et de surcroît en émoussant son don d'observation, on peut atteindre une monotonie dont le pouvoir est beaucoup plus léthargique que les distractions les plus fantaisistes, et qui prendra avec le temps une force croissante, telle une formule magique. Lors des fouilles d'Herculanum et de Pompéi, on a retrouvé tous les objets à leur place, tels que leurs propriétaires les avaient laissés ; si j'avais vécu à cette époque, les archéologues auraient peut-être trouvé, avec étonnement, un homme arpentant à pas mesurés le parquet de sa chambre. Pour conserver cet ordre établi et immuable, j'avais recours à tous les moyens, employant, comme l'empereur Domitien[57], des heures précises à parcourir la chambre armé d'un tue-mouches, poursuivant tout insecte révolutionnaire. En revanche, j'épargnai trois mouches qui bourdonnaient à des heures fixes à travers la pièce. Telle était donc mon existence, pensant oublier le monde et être oublié de lui ; du moins le croyais-je lorsqu'un jour je reçus une lettre de mon jeune ami. Plusieurs autres suivirent, espacées d'un mois environ, sans que je puisse tirer une quelconque conclusion quant à la distance de son lieu de séjour. Lui-même n'avait rien voulu révéler ; et cela pouvait bien être une mystification, qu'il aurait soigneusement réalisée en laissant varier une durée entre presque cinq semaines à trois semaines et un jour seulement. Il ne voulait pas m'importuner d'une correspondance, et même si j'étais désireux de répondre à son courrier, il ne le voulait pas – il voulait seulement s'épancher.

Sa lettre confirme ce que je savais déjà. Comme toute nature mélancolique, il est passablement susceptible et, malgré cette irritabilité, mais aussi à cause d'elle, il est en continuelle contradiction avec lui-même. Il souhaite que je sois son confident, sans vraiment le vouloir ; il redoute même que je le sois ; il se sent en sécurité auprès de ma supposée supériorité, et pourtant cela lui est désagréable. Il se confie à moi mais ne veut pas de réponse, et même pas me voir ; il exige le silence de ma part, un silence inviolable « par tout ce qui est le plus sacré », et pourtant il devient furieux à la seule pensée que j'aie ce pouvoir de me taire. Personne ne doit savoir que je suis son confident, pas âme qui vive, et par conséquent ni lui ni moi. Pour expliquer cette confusion à notre contentement et à notre plaisir mutuels, il parvient habilement à insinuer, d'une manière polie, qu'il me considère en fait comme un fou. Où pourrais-je trouver le courage d'exprimer quelque opinion face à une telle insolence dans l'interprétation ? Ce serait finalement prouver la justesse de l'accusation – à mon avis : mais justement mon abstention sera probablement à ses yeux un signe supplémentaire d'ataraxie et de cette folie que rien ne parvient personnellement à affecter, et encore moins à offenser. Voilà le remerciement gagné pour s'être évertué pendant plus d'un an à ne s'intéresser qu'à l'intérêt théorique pour l'homme en tant qu'idée[58] mais également, si possible, de chaque être humain chez qui l'idée est en mouvement ! J'ai cherché naguère à venir au secours de l'idée sommeillant en lui ; maintenant, je récolte ma récompense : je dois à la fois être et ne pas être, l'être et le néant, comme cela lui sied, et ne pas espérer la moindre reconnaissance, car capable de tout cela, je puis encore l'aider à se sortir de la contradiction. Si lui-même songeait combien de reconnaissance indirecte demeure dans une telle *Zumuthung*[59], alors il redoublerait certainement de fureur. Être son confident, c'est bien plus difficile que la pire des difficultés, et il oublie que d'un seul mot, par exemple en refusant sa correspondance, je pourrais l'offenser au plus profond de son être. Celui qui trahissait les mystères d'Éleusis était puni, mais également celui qui offensait cette institution en refusant de se laisser initier. Ce dernier cas, rapporté par un auteur grec, fut celui d'un homme dénommé Démonax[60], qui pourtant s'en tira sain et sauf, par l'habileté de sa défense. Ma situation de confident est encore plus critique, car il est encore plus pudique quant à ses mystères ; il se fâche même quand je cède à sa demande la plus pressante – quand je me tais.

Il croit que je l'ai totalement oublié, mais là encore il me fait du tort. Lors de sa disparition soudaine, je craignais vraiment que, dans son désarroi, il n'ait commis l'irréparable. Mais un tel événement ne reste généralement pas longtemps caché. N'ayant rien lu ni entendu à ce sujet, j'en conclus qu'il devait sûrement être en vie, quel que fût l'endroit où il s'était enfui. La fille qu'il avait abandonnée ne savait absolument rien. Un jour, il disparut et ne donna plus de nouvelles. Elle ne bascula pas brutalement dans la douleur ; c'est seulement progressivement que ce pressentiment s'éveilla ; de même, ce n'est que progressivement que la douleur se rappela à son souvenir ; aussi s'endormit-elle doucement dans le rêve confus des événements, et de leur signification. La jeune fille devint pour moi un nouveau sujet d'observation. Mon jeune ami n'était pas de ceux qui tourmentent l'être aimé avant de s'en débarrasser. Au contraire, au moment de sa disparition, elle se trouvait dans le meilleur état qui soit, en bonne santé, florissante, rayonnante de tous les fruits offerts par sa poésie, nourrie au précieux cordial que constitue l'illusion poétique. Il est fort rare de trouver dans un tel état une jeune fille abandonnée. Quand je la vis quelques jours plus tard, elle était encore vive, tel un poisson fraîchement pêché ; d'ailleurs, une telle fille est volontiers aussi affamée qu'un poisson ayant vécu dans un banneton. En mon for intérieur, j'étais convaincu qu'il devait être en vie et me réjouissais qu'il n'ait pas recouru au moyen désespéré de se donner pour mort. Il est difficile de croire que tant de confusion puisse venir se greffer sur l'Éros, quand cela arrange l'une des parties prenantes de vouloir mourir de chagrin, ou de vouloir mourir pour être quitte de tout. Selon sa propre déclaration solennelle, une fille devrait mourir de chagrin en découvrant que son amant est un imposteur[61]. Voyez ! Ce n'était pas un imposteur, et il était peut-être mieux intentionné qu'elle ne l'imaginait. Mais ce qu'il aurait pu faire autrement, le moment venu, il ne pouvait actuellement s'y résoudre[62], simplement parce qu'une fois elle s'était permis de le plonger dans l'angoisse par cette déclaration, car, comme il l'affirmait, elle avait usé de la rhétorique contre lui ou, en tout cas, dit ce qu'une jeune fille ne doit jamais dire ; ou bien elle pense croire à l'heure actuelle qu'il est vraiment un imposteur (car elle doit être trop fière pour parler ainsi), ou bien qu'elle a toujours confiance en lui (dans ce cas, elle devrait donc comprendre qu'elle lui fait une criante injustice). Vouloir être mort afin d'échapper à tout cela est l'affront le plus humiliant que l'on puisse faire à une jeune fille. Elle le croit mort, elle porte le deuil, elle le pleure et le regrette, fidèle et sincère. Elle doit presque avoir la nausée de ses propres sentiments, lorsqu'un jour elle découvre qu'il est vivant et qu'il était à des lieues de penser à la mort. Ou bien imaginez qu'elle conçoive de tels soupçons seulement dans une autre vie – non qu'il soit vraiment mort – car cela demeure incontestable, mais qu'il soit vraiment mort au moment où il l'affirmait et où elle le pleurait. Une telle situation serait un beau sujet pour un auteur apocalyptique[63] qui aurait compris son Aristophane (je fais allusion au Grec et non à ces simples personnes que l'on appelait au Moyen Âge *doctores cerei*[64]) et son Lucien. On pourrait un certain temps entretenir la confusion, car mort il était, et mort il resterait. La jeune fille qui portait le deuil se réveillerait alors, pour commencer là où ils en étaient restés, jusqu'à ce qu'elle réalise qu'il y avait une petite parenthèse.

À la réception de sa lettre, son souvenir se réveilla dans ma mémoire, et je ne pris nullement de sang-froid son histoire. Quand j'en arrivai au malheureux passage où il affirme que j'étais fou, je compris aussitôt que maintenant, il avait sûrement surpris le secret gisant tout au fond des profondeurs, et que ce secret était gardé par la jalousie aux cent yeux. Lors de nos rencontres, j'avais remarqué qu'il insinuait, avec force précautions, avant de lâcher le morceau, que « j'étais bizarre ». À la bonne heure ! Un observateur doit s'attendre à ce genre de chose. Il doit être capable d'offrir à celui qui s'ouvre à lui une petite garantie. Une jeune fille qui se confesse exige toujours une garantie positive, tandis qu'un homme en demandera une négative ; cela provient d'une part de l'abandon et de la soumission de la femme, d'autre part de la fierté et de l'obstination de l'homme. Quelle consolation, n'est-ce pas, que de penser que celui auprès de qui vous cherchez conseil et éclaircissement est fou ! Alors, nul besoin d'avoir honte. Parler avec une telle personne revient à parler à un arbre, une chose que l'on fait juste par curiosité, « si quiconque venait à le demander ». Un observateur doit être d'un accès facile, sinon personne ne s'ouvrira à lui ; il doit surtout se garder de la rigidité morale ou de se poser en parangon de vertu. On dit alors qu'il s'agit d'un homme fou, qui a eu des histoires extravagantes – *ergo*, moi qui lui suis de loin supérieur, je peux bien me confier à lui ! Qu'il en soit donc ainsi ; je ne demande rien aux gens si ce n'est le contenu de leur conscience. Je le pèse, et s'il est d'un poids intéressant, aucun prix n'est trop élevé pour moi.

En parcourant rapidement sa lettre, il m'apparut clairement que l'amour avait laissé une empreinte beaucoup plus profonde que je ne l'avais présumé. Il m'avait certainement caché une partie de ses sentiments. Cela se comprend ; à l'époque, j'étais simplement « bizarre », et maintenant je suis fou : « *was anders*[65] ». S'il en est ainsi, il ne lui reste plus qu'à faire un mouvement religieux. C'est ainsi que l'amour mène l'homme toujours plus loin. Je l'ai constaté bien souvent, et je l'ai vérifié une nouvelle fois ici : « Pourtant, la vie dispose toujours de ressources infinies, et la puissance qui la gouverne s'y entend à intriguer bien autrement que tous les autres poètes *in uno*[66] ». De par le tempérament et les dons que le jeune homme avait hérités de la nature, j'aurais parié qu'il n'était pas tombé dans les filets de la passion. À cet égard, on cite justement des exceptions qui ne se laissent pas ramener aux cas ordinaires. Il avait – ce qui est peu courant – beaucoup d'esprit, et surtout de l'imagination. Une fois son génie créatif éveillé, il avait de quoi s'occuper pour toute la vie, surtout s'il s'appliquait à bien se connaître, et se limitait au plaisir d'un intérieur agréable, au milieu d'un travail intellectuel et des divertissements de l'imagination. Cette vie-là est la récompense, par excellence, de l'amour dont elle écarte les complications et les fatalités de la passion, en offrant une ressemblance parfaite avec ce qui est le summum du bonheur amoureux. Toute nature de ce genre n'a aucunement besoin de l'amour d'une femme ; j'ai l'habitude de l'expliquer en affirmant que, dans une vie antérieure, il a lui-même été une femme et en a gardé le souvenir maintenant qu'il est un homme. Tomber amoureux d'une jeune fille le trouble tout simplement, et sa tâche en pâtit toujours ; il peut en effet presque endosser un rôle de femme en même temps que le sien. Cette aptitude est plutôt désagréable, tant pour elle que pour lui. D'autre part, il était d'une nature fort mélancolique. Le premier aspect l'empêchera ultérieurement d'approcher n'importe quelle fille ; le second le protégera si quelque astucieuse beauté tentait de le séduire. Une profonde mélancolie suscitant la sympathie est et sera toujours l'humiliation parfaite de tout l'artifice féminin. Qu'une fille réussisse à l'attirer à elle, à l'instant même où elle savourera sa victoire, cette pensée saisira le garçon : ne lui fais-tu pas du tort en t'abandonnant à de tels sentiments ; seras-tu pour elle seulement une pierre d'achoppement ? Du coup, adieu à toutes les intrigues de l'ingénue. Mais dans le cas présent, et d'une manière étrange, la situation est singulièrement différente : il a pris le parti de la belle dont il est particulièrement disposé à ne voir que la perfection, la mettant en avant et l'admirant peut-être plus qu'elle ne le demande elle-même ; mais elle n'arrivera jamais à en obtenir davantage.

Je n'avais pas du tout imaginé qu'il devînt dépendant d'une histoire sentimentale. La vie est pourtant pleine de surprises. Ce n'est pas la grâce de la jeune fille qui l'enchaîne, mais le remords de lui avoir causé du tort, d'avoir perturbé sa vie. Il s'est engagé à la légère, il se persuade que son amour ne peut se réaliser[67], qu'il peut être heureux sans elle, comme cela est en effet possible, surtout avec cette nouvelle conscience de ses dons. Il rompt, mais il ne peut oublier qu'il a causé du tort, comme s'il était injuste de rompre quand une chose ne peut se réaliser. Même s'il était sans préjugés, et qu'on lui dît : « Voici la jeune fille, veux-tu l'approcher, veux-tu t'éprendre d'elle ? », il répondrait presque certainement : « Non, pour tout l'or du monde, j'ai fait une fois l'expérience de ce qui peut arriver, on n'oublie pas ces choses-là. » C'est ainsi que l'affaire devrait être présentée, s'il ne veut pas se tromper lui-même. Pour lui, c'est une certitude que son amour ne peut se réaliser au sens humain. Il en est ainsi arrivé à cette frontière du merveilleux qui ne saurait se produire qu'en vertu de l'absurde. Il ne songe nullement à cette difficulté – ou alors mon cerveau perspicace est peut-être trop porté sur l'imagination ! Aime-t-il vraiment cette jeune fille, ou bien n'est-elle pas encore la raison qui le pousse ? Encore une fois, ce n'est pas l'idée de la possession au sens strict et la situation qu'elle entraîne qui le préoccupent, mais c'est tout simplement un retour sur soi conçu d'une façon totalement formelle. Qu'elle meure le lendemain ne le troublerait aucunement ; il ne ressentirait en fait aucune perte, car son esprit était en paix. Le déchirement qui était apparu à son contact serait apaisé du fait qu'il serait réellement retourné auprès d'elle. La jeune fille n'est donc nullement une réalité, mais le reflet des mouvements qui l'agitent et de la stimulation qu'ils occasionnent. La jeune fille prend ainsi une signification extraordinaire à ses yeux, il ne pourra jamais l'oublier ; mais son importance ne tient pas de cette dernière, mais de son rapport à lui. Elle représente comme la frontière de l'être du jeune homme, mais une telle relation ne relève pas de l'Éros. D'un point de vue religieux, on pourrait dire que tout se passe comme si Dieu avait utilisé cette fille pour le capturer ; pourtant, la jeune fille n'est pas vraiment réelle, mais plutôt comme ces mouches artificielles que l'on accroche à un hameçon. Je suis absolument convaincu qu'il ne connaît rien de la jeune fille, bien qu'il ait été en relation étroite avec elle ; mais depuis ce temps-là elle n'est certainement jamais sortie de ses pensées. Elle est la jeune fille, point final ! Qu'elle soit de manière concrète celle-ci ou celle-là, la beauté, la gentillesse, la fidélité, l'amour dévoué, pour lequel on risque tout et remue ciel et terre, il n'y songe pas du tout. S'il se demandait quelle joie, quel bonheur il attend d'une vraie liaison amoureuse, alors il n'aurait probablement pas un seul mot à dire.

Ce qui le préoccupe – pouvoir soulager son honneur et sa fierté – se règle en un instant. Comme si ce n'était pas aussi une affaire d'honneur et de fierté que de défier des craintes aussi puériles ! Peut-être attend-il même une altération de sa personnalité, mais cela n'est rien s'il parvient ainsi à se venger de la vie qui s'est moquée de lui en le rendant coupable là où il était innocent, en rendant sa relation à la vie à ce point absurde que chaque véritable fibre de l'amoureux qui est en lui n'y voit qu'un imposteur. Ne serait-ce pas une tâche que d'endosser un tel rôle ? Pourtant, je ne le comprends peut-être pas très bien ; peut-être cache-t-il quelque chose ; peut-être aime-t-il vraiment. Alors, en conclusion de l'histoire, un jour il me tuera pour me confier son sacro-saint mystère. On voit ainsi que jouer le rôle d'observateur n'est pas sans danger. Cependant, je souhaiterais, ne serait-ce que pour satisfaire mon intérêt pour la psychologie, voir la jeune fille s'éloigner un certain temps, et faire croire au jeune homme qu'elle s'est mariée ; je parie que j'aurais alors une autre explication : sa sympathie est si mélancolique, à mon avis, qu'il s'imagine être épris pour le bien de la jeune fille.

Le problème où il est bloqué est ni plus ni moins celui de la répétition. Il a tout à fait raison de ne pas aller en chercher la solution dans la philosophie grecque, pas plus que dans la moderne ; en effet, les Grecs font le mouvement inverse, et un Grec choisirait à ce propos le ressouvenir, sans que sa conscience ne le torture ; quant à la philosophie moderne, elle ne fait aucun mouvement, elle ne fait en général que des objections[68] et, si elle se risque à en faire un, c'est toujours dans l'immanence ; en revanche, la répétition est et demeure une transcendance. J'ai de la chance qu'il ne me réclame pas d'explication, car j'ai abandonné ma théorie, je vais à la dérive. Pour moi, la répétition est aussi transcendante. Je peux faire le tour de moi-même, mais ne peux m'élever au-dessus de moi-même, je ne peux découvrir le point d'Archimède[69]. Fort heureusement, mon jeune ami ne cherche pas conseil auprès de quelque philosophe mondialement connu, ou de quelque *professor publicus ordinarius* ; il a recours à un penseur privé qui, après avoir connu les honneurs du monde, se retira ensuite loin de la vie. En d'autres termes, il cherche refuge auprès de Job, qui ne pose pas sur une chaire à gesticuler pour prouver la véracité de ses affirmations ; assis sur son tas de cendres, se grattant avec un tesson sans interrompre son activité, il expose ses brèves observations et ses réflexions. Mon ami pense avoir trouvé ici ce qu'il cherchait, dans ce petit cercle incluant Job, sa femme et trois amis ; il écoute, pense-t-il, la vérité plus admirable, plus joyeuse et plus vraie que dans un banquet grec.

Même s'il voulait encore suivre mon conseil, ce serait en vain. Je ne puis accomplir un mouvement religieux, ce serait contre ma nature. Ce n'est pas que j'en nie la réalité, ou que l'on ne puisse beaucoup apprendre d'un jeune homme. S'il réussit, il n'aura pas de plus fervent admirateur que moi. S'il réussit, je le tiendrai quitte de toute son irritabilité à mon égard. Seulement, je ne puis nier qu'à force de considérer la chose, une fois encore, j'éprouve de nouveaux soupçons envers la jeune fille ; d'une manière ou d'une autre, elle a tenté de le séduire dans la mélancolie où il se trouvait. Dans ce cas, je ne voudrais pas être à la place de la demoiselle. Cela finira mal. La vie se venge toujours d'une telle conduite, et de la façon la plus cruelle.

Le 15 août

Mon discret confident !

Vous serez probablement étonné de recevoir soudain une lettre de la part de celui qui, depuis bien longtemps, était mort pour vous et quasiment oublié, ou autant dire oublié et quasiment mort. Je n'ose pas imaginer un étonnement plus durable. Je suppose qu'à l'instant, vous allez reprendre mon histoire et dire : Ah, c'est lui et son amour malheureux ! Où nous étions-nous donc arrêtés ? Alors, ce sont là vos symptômes. En vérité, votre impassibilité est terrible ! Quand j'y pense, mon sang se met à bouillir en moi et pourtant, je n'arrive pas à me détacher de vous. Vous parvenez à m'enchaîner par un étrange pouvoir. Vous parler me procure un calme et un bienfait indescriptibles ; car c'est comme si je conversais avec moi-même ou avec une idée. Mais quand on a trouvé une consolation dans cet épanchement et que l'on aperçoit tout à coup votre mine imperturbable, et qu'on songe que c'est bien un homme qui est là devant vous, un homme d'une infime sagesse à qui l'on a parlé, alors on est saisi de crainte. Mon Dieu, celui qui porte le deuil est toujours un peu jaloux de sa peine. Il ne veut pas se confier à n'importe qui, il exige le silence. On est sûr de le trouver auprès de vous. Et pourtant, quand on s'est confié à vous, l'angoisse vous reprend ; car votre silence, encore plus profond qu'un tombeau, détient probablement de nombreuses dépositions semblables. Vous connaissez tout, vous n'embrouillez rien, vous pouvez à la seconde suivante reprendre un autre secret là où vous vous étiez arrêté. Alors, on regrette de s'être confié à vous. Mon Dieu ! celui qui porte le deuil est un peu jaloux de sa peine. Il veut que celui qu'il initie à sa peine en sente le poids et la signification. Vous ne décevez pas cette attente, car vous saisissez la plus petite nuance mieux que l'intéressé lui-même. L'instant d'après, je me désespère de cette supériorité si prompte à connaître toute chose, au point que rien ne vous semble nouveau ou inconnu. Si j'avais un pouvoir absolu sur tous les hommes, que Dieu vous vienne en aide, je vous enfermerais avec moi dans une cage pour vous avoir à moi tout seul. Alors, je serais probablement obligé d'affronter le plus pénible des tourments : vous voir quotidiennement. Vous avez un pouvoir démoniaque qui peut entraîner un homme à tout oser, à trouver des forces qu'en d'autres circonstances on ne possède ni ne désire, que sous l'emprise de votre regard ; cela conduit à vouloir paraître ce que l'on n'est pas, juste pour mériter ce sourire reconnaissant qui est comme une indescriptible récompense. Puissé-je vous voir toute la journée, vous entendre même la nuit ; cependant, si je devais agir, je ne voudrais à aucun prix le faire en votre présence. D'un seul mot vous pourriez tout gâcher. Je n'ai pas le courage de reconnaître ma faiblesse en face de vous ; si je le faisais ne serait-ce qu'une fois, je deviendrais le plus lâche des hommes, car je croirais avoir tout perdu. Ainsi me tenez-vous prisonnier d'un pouvoir extraordinaire ; il me fait peur, en me forçant à vous admirer ; parfois, pourtant, vous me semblez fou. N'est-ce pas en effet une sorte de folie d'avoir à ce point soumis toute passion, tout élan du cœur, tout sentiment à la froide autorité de la réflexion ? N'est-ce pas folie que d'être ainsi normal, idée pure, non pas homme, comme nous autres, pliant et cédant, perdus et nous perdant ? N'est-ce pas folie d'être ainsi toujours éveillé, toujours conscient, exempt de mélancolie et de rêves ? – En ce moment, je n'ose vous rencontrer, et pourtant je ne puis me passer de vous. C'est pourquoi je vous écris et vous prie de ne pas prendre la peine d'une réponse.

Par précaution, ma lettre ne porte pas d'adresse. Tel est mon désir ; quel soulagement de vous écrire, car je me sens ainsi en sécurité et joyeux.

Votre plan était parfait, exceptionnel. Par moments, je tends les bras, tel un enfant cherchant à attraper ce personnage héroïque qu'un jour vous avez exposé à mon regard admiratif, en m'expliquant que tel était mon destin et qu'il aurait dû me transformer en héros si j'avais eu la force de revêtir ce rôle. Ce pouvoir illusoire m'enthousiasma d'abord par toute sa puissance créative, dans une totale ivresse de l'imagination. Finir ainsi toute sa vie pour les beaux yeux d'une unique jeune fille ! Devenir un scélérat, un imposteur, juste pour montrer quel prix on lui accordait, car on ne sacrifie pas son honneur pour une bagatelle. Se marquer au fer rouge, gâcher sa vie ! Entreprendre l'acte de vengeance et le réaliser autrement que par les bavardages creux dont les hommes sont capables ! Jouer ainsi au héros, non pas aux yeux du monde, mais en son for intérieur, ne pas se prévaloir vis-à-vis des hommes, mais rester emmuré dans sa personnalité ; avoir en soi-même son propre témoin, son propre juge, son propre accusateur, être à soi tout seul ce triple personnage ! Faire le don de sa vie future en gage de ce chassé-croisé de pensées, conséquence probable d'une telle démarche où, du point de vue humain, on a sacrifié à la sagesse. Faire tout cela seulement pour les yeux d'une belle ! Et si cela parvenait à se répéter, comme vous le remarquiez, avoir fait à une jeune fille le compliment le plus chevaleresque et le plus amoureux dépasse tout exploit, même le plus romanesque, pour n'y avoir justement employé que sa seule personne. Cette déclaration me fit une forte impression. Naturellement, elle n'était pas exprimée avec enthousiasme – vous et votre enthousiasme ! –, elle était prononcée avec une sagesse calme et froide, avec les accents de la science officielle comme si vous étiez le seul capable de traiter la chose, après avoir étudié tous les récits de chevalerie. Ce que cela peut représenter pour un penseur qui cherche à découvrir une nouvelle catégorie, telle était autant pour moi cette découverte dans le domaine amoureux.

Malheureusement, je n'étais pas l'artiste suffisamment fort pour assumer un tel rôle, et n'en avais pas la persévérance nécessaire ; heureusement, je ne vous vis qu'en des lieux isolés, et rarement. Si je vous avais eu à mes côtés, vous auriez pu vous asseoir dans ma chambre comme s'il s'était agi d'une auberge, lisant, écrivant, entreprenant diverses choses, et pourtant, je le sais trop bien, attentif à tout – je crois que j'aurais suivi vos conseils. Si cela s'était produit, cela aurait été terrible. N'est-il pas en effet terrible d'envoûter ainsi la bien-aimée de sang-froid, jour après jour, jusqu'au mensonge ! Et si elle avait utilisé les moyens à sa disposition : des supplications bien féminines ; si avec ses larmes elle m'avait supplié, conjuré par mon honneur, ma conscience, mon salut, ma paix dans la vie et la mort, tant ici-bas que dans l'autre monde ! J'en frémis rien que d'y penser.

Je n'ai pas oublié les conseils que vous me donniez auxquels, en général, je n'osais guère m'opposer, subissant par trop le charme magique. « Si une jeune fille est dans son droit lorsqu'elle utilise ces moyens-là, laissez-les agir sur vous mais, encore, venez-lui en aide dans sa démarche. À l'égard d'une jeune fille, vous devez être suffisamment chevaleresque, en étant non seulement vous-même, mais il faut encore endosser son rôle de jeune fille. Si elle a tort, cela ne fait rien, laissez simplement glisser ses procédés. » C'est vrai, absolument vrai, mais je n'ai pas cette sagesse. « Quelle contradiction absurde rencontre-t-on souvent dans la lâcheté et le courage de l'homme. On redoute de voir l'acte terrible, mais on a le courage de l'accomplir. Vous abandonnez la jeune fille : voilà un comportement terrible et vous en avez le courage ; mais la voir pâlir, compter ses larmes, être témoin de sa détresse : vous n'en avez pas le courage. Et pourtant, ceci n'est rien comparé à cela. Si vous savez ce que vous voulez, pourquoi et comment, alors vous devez envisager, vous devez respecter chaque argument, et ne pas vous y dérober, dans l'espoir que votre imagination soit moins forte que la réalité. En agissant ainsi, vous vous trahissez vous-même, car votre imagination vivace se réveillera d'une manière tout à fait différente lorsque, un beau jour, le temps viendra où il vous faudra imaginer sa détresse, bien différente que la dernière fois où vous l'aviez vue, que vous l'aurez aidée à rendre tout cela aussi angoissant et terrible que possible pour vous. » C'est vrai, chaque mot est vrai, mais c'est une vérité du monde mort, si froide et si logique soit-elle. Elle ne me convainc pas, elle ne m'impressionne pas. Je le reconnais, je suis faible, je l'ai été, je ne deviendrai jamais aussi fort et aussi valeureux. Considérez donc tout cela. Mettez-vous à ma place, mais n'oubliez pas que vous l'aimez vraiment aussi fort que je l'aimais. Je suis persuadé que vous serez victorieux, vous sortirez de l'impasse, vous surmonterez toutes les peurs, vous l'aurez charmée par votre tromperie. Que va-t-il se produire ? Si après tous vos efforts vous n'avez pas la chance suprême d'avoir des cheveux gris et de rendre le dernier soupir une heure après, il vous faudra alors poursuivre cette imposture, conformément à votre plan. Vous y réussirez, j'en suis certain. Ne craignez-vous pas de perdre la raison ? Ne redoutez-vous pas de vous perdre dans cette terrible souffrance que l'on nomme le mépris des hommes ? Comment avoir ainsi raison, conserver cette fidélité, et pourtant se donner pour un scélérat qui, non satisfait dans son imposture de railler toute cette misère bien souvent prétentieuse, se gausse également de ce qu'il y a de meilleur en ce monde ? Quelle tête pourrait endurer tout cela ? Ne pensez-vous pas qu'il faudrait souvent se lever la nuit pour boire un verre d'eau fraîche, ou encore rester assis près de sa couche et vérifier ses idées ? À supposer que j'aie commencé par là, il m'eût été impossible de continuer ainsi. J'ai choisi un autre moyen, et j'ai quitté Copenhague dans le plus grand secret et suis parti pour Stockholm. D'après votre plan, c'était une faute. J'aurais dû partir en plein jour. Imaginez qu'elle se fût trouvée à la douane, j'en tremble. Imaginez que je l'aie aperçue à l'instant où la machine se mettait en marche : je crois que j'en aurais perdu la raison. Je ne doute aucunement que vous, vous auriez eu la force de rester calme. Si cela avait été nécessaire, si vous aviez attendu qu'elle apparaisse à la douane, vous auriez emmené la couturière avec vous et voyagé avec elle. Si cela avait été nécessaire, vous n'auriez pas seulement suborné celle-ci, mais en tant que chevalier servant de la bien-aimée, vous l'auriez séduite, oui, vraiment séduite ; vous l'auriez violée, juste pour les besoins de la cause. Mais vous voyez-vous réveillé subitement en pleine nuit, incapable de vous reconnaître, vous confondant avec la créature que vous aviez utilisée pour ce pieux mensonge ? Je dois en effet le reconnaître : vous ne pensiez certainement pas que l'on pourrait se jeter à la légère dans une telle aventure. Il vous est même arrivé de dire que cette méthode n'aurait jamais été nécessaire, sans la propre faute de la jeune fille, soit qu'elle ait été suffisamment inconsciente pour ne pas remarquer le sens de ma marque de sympathie, soit qu'elle ait été suffisamment égoïste pour ne pas en tenir compte. Mais, justement, ne viendra-t-il pas un moment où elle comprendra ce qu'elle aurait dû faire, où elle se désolera des conséquences de sa négligence ? néanmoins, tout cela n'avait pas son origine dans sa fermeté, mais plutôt dans la personnalité de l'homme. Ne lui serait-il pas advenu la même chose qu'à moi ? Elle n'aurait pas soupçonné, ni rêvé, quelles forces elle avait déchaînées, quelles passions elle jouait comme d'un instrument ; ainsi était-elle devenue à la fois coupable, quoique innocente. Ne serait-ce pas être trop sévère envers elle ! Si, dans de telles circonstances, j'avais dû faire quelque chose, j'aurais préféré les querelles, ou la colère, plutôt que cette condamnation silencieuse par la réalité !

Non, non, non ! Je ne pouvais pas, je ne peux pas, je ne veux pas, pour rien au monde je ne veux agir de la sorte. Non ! Non ! Non ! Ce serait douter de ces signes d'écriture, froids et alignés, tels des vauriens désœuvrés, serrés les uns contre les autres, et qu'un seul non n'est guère plus expressif qu'un autre. Vous devriez entendre la passion les rugir en moi. Plaise à Dieu que je sois auprès de vous, Dieu veuille qu'avec mon dernier non je puisse me détacher de vous, comme Don Juan le fit du Commandeur, dont la main n'est pas plus froide que la raison par laquelle vous m'entraînez irrésistiblement. Et pourtant, en face de vous, je ne pourrais guère dire plus d'un non, car avant que je poursuive, vous m'auriez déjà interrompu par une froide réponse : « Mais si, mais si ! »

Ce que j'ai fait fut réellement pitoyable et bâclé. Vous pouvez rire de moi. Quand un nageur habitué à plonger depuis le mât d'un bateau et à faire des sauts périlleux avant de toucher l'eau encourage un autre homme à suivre son exemple, et que celui-ci, au lieu de sauter, se dirige vers l'échelle, tend d'abord une jambe, puis l'autre, et finalement se laisse tomber lourdement – alors il est inutile de demander ce que fait le premier. Un jour, je lui ai fait faux bond sans lui dire un seul mot ; je suis monté à bord d'un vapeur en partance pour Stockholm, m'enfuyant et me cachant du monde entier. Que tous les dieux du ciel lui viennent en aide pour qu'elle trouve une explication !

N'avez-vous donc pas vu cette jeune fille dont je ne cite jamais le nom[70], et dont je ne serais pas homme à pouvoir écrire le nom, car ma main en aurait tremblé d'effroi ? L'avez-vous vue ? Est-elle pâle, morte peut-être, est-elle triste, s'est-elle forgé une explication qui la réconforte ? Son allure est-elle toujours légère, ou bien sa tête s'est-elle inclinée et son corps alourdi ? Mon Dieu, mon imagination peut m'être utile en tout ; ses lèvres sont-elles exsangues, ces lèvres que j'admirais, alors que je me permettais seulement de baiser sa main ? Est-elle lasse et pensive, elle qui était heureuse comme une enfant ? Écrivez, je vous en supplie. Non, n'écrivez pas, je ne veux recevoir aucune lettre de vous, je ne veux rien entendre d'elle, je ne crois rien, pas un seul homme, pas même elle. Si elle se tenait resplendissante devant moi, plus vive que jamais, je n'en serais pas joyeux, je ne la croirais pas, je penserais que c'est une illusion pour se moquer de moi ou me réconforter. L'avez-vous vue ? Non ! J'espère que vous ne vous êtes pas permis de la voir, ou de vous mêler de mes amours. Si je viens à l'apprendre ! Lorsqu'une jeune fille est frappée par le malheur, aussitôt surgissent ces monstres affamés qui veulent assouvir leur faim et leur soif de psychologie, ou encore écrire des nouvelles. Je me précipiterais cependant pour écarter ces mouches bleues loin de ce fruit qui m'était la plus exquise des choses, plus délicat, plus doux à contempler qu'une pêche, à son heure la plus belle, quand elle se pare, splendide, de soie et de velours.

Que fais-je maintenant ? Je reprends l'histoire depuis le début, puis je recommence par la fin. Je fuis dans le monde tout ce qui me la rappelle, tandis que, jour et nuit, mon âme éveillée ou en rêve sans cesse est accaparée par son souvenir. Je ne prononce jamais son nom, et je remercie le destin qui, par un malentendu, m'a donné un faux nom. Un nom, mon nom – qui en fait lui appartient. Puissé-je en être débarrassé. Mon propre nom suffit pour tout me rappeler, et toute la vie me semble remplie seulement des allusions à ce passé. La veille de mon départ, je lisais dans *Adresseavisen* [71] que « seize aunes d'excellente étoffe de soie étaient à vendre en raison d'un changement d'utilisation ». Quelle pouvait bien être la première destination ? Peut-être une robe de mariée ? Que ne puis-je moi aussi vendre mon nom pour un autre usage ! Si un esprit puissant me le dérobait et me le rendait paré d'honneurs immortels, je le jetterais loin, très loin, mais je quémanderais le plus insignifiant, le plus futile des noms ; par exemple être appelé n°14, comme un de ces garçons en costume bleu[72]. À quoi me sert un nom qui n'est pas le mien, à quoi me sert un nom glorieux qui serait le mien ?

Car que vaut la voix flatteuse du renom
Contre le soupir d'amour jaillissant du sein d'une jeune vierge[73] *?*

Et que fais-je maintenant ? Je vais comme un somnambule le jour et reste éveillé la nuit. Je suis appliqué et plein de zèle pour les travaux du ménage, un vrai modèle domestique, je mouille mon doigt, j'appuie le pied, j'arrête la roue, je tourne le fuseau – je file ; mais quand, le soir venu, je veux remettre la quenouille, elle n'est plus là ; ce qu'il est advenu de ma pelote, seul mon chat le sait. Je vaque avec une ardeur fébrile, infatigable, mais qu'en résulte-t-il ? Celui qui foule la tourbe accomplit des miracles auprès de moi. Bref, si vous voulez me comprendre, si vous voulez avoir une idée de mon activité stérile, appliquez à mes pensées, au sens spirituel, les vers du poète ; c'est tout ce que je puis dire :

Die Wolken treiben hin und her,
Sie sind so matt, sie sind so schwer ;
Da stürzen rauschend sie herab,
Der Schoss der Erde wird ihr Grab[74].

Je n'ai pas besoin de vous en dire davantage, ou plus exactement, j'aurais plutôt besoin de vous pour être capable d'en dire plus, et pour exprimer avec la clarté de la raison ce que ma pensée hésitante ne peut faire comprendre que dans la déraison.

Si je voulais tout raconter dans le détail, ma lettre serait infiniment longue ; du moins aussi longue qu'une année de misère ou ces temps mauvais dont il est écrit : « Je n'y prends point de plaisir[75]. » Pourtant, j'ai l'avantage de pouvoir interrompre n'importe où, quoi qu'on en dise ; tout comme je puis, à chaque instant, couper le fil de ma quenouille. Sur ce, que Dieu vous garde ! Celui qui croit en la vie est assuré de pouvoir tout obtenir, tout comme un homme cache ses sentiments en tenant un chapeau sans fond devant son visage en prière.

Monsieur ! J'ai l'honneur, etc.
– Bon gré, mal gré, je reste pourtant
Votre dévoué et anonyme ami

Le 19 sept.

Mon discret confident !

Job ! Job ! Ô, Job ! N'as-tu réellement rien dit d'autre que ces superbes paroles : « Le Seigneur a donné, le Seigneur a repris, que le nom du Seigneur soit béni ? » N'as-tu rien dit de plus ? Dans ton immense détresse, n'as-tu fait que les répéter indéfiniment ? Pourquoi es-tu resté silencieux sept jours et sept nuits ? Que s'est-il passé dans ton esprit ? Lorsque toute ton existence s'écroula, en ne laissant tout autour de toi que des débris, as-tu aussitôt trouvé la tranquillité d'esprit surhumaine, as-tu trouvé aussitôt l'explication de l'amour, la sincérité et la confiance de la foi ? Ta porte est-elle aussi fermée à celui qui porte le deuil, ne peut-il pas attendre de toi d'autre consolation que ce que propose la maigre sagesse du monde quand elle débite un paragraphe sur la perfection de la vie ? N'as-tu plus rien à dire, n'oses-tu rien dire de plus que les consolateurs officiels mesurant leurs paroles à chacun, que ces consolateurs raides comme des maîtres de cérémonie prescrivant à chacun ce qu'il convient de dire dans un moment de détresse : « Le Seigneur a donné, le Seigneur a repris, que le nom du Seigneur soit béni », ni plus ni moins que si l'on disait « À vos souhaits » à celui qui éternue ! Non, toi qui dans la force de l'âge fus l'épée de l'opprimé[76], le bâton du vieillard et l'appui de celui qui trébuche, tu n'as pas déçu les hommes lorsque tout s'est écroulé ; tu devins alors la voix de celui qui souffre, l'appel de l'accablé et le cri de l'angoissé, et un soulagement pour tous ceux à qui les souffrances ont fait perdre la parole, un témoin fidèle de toute la détresse et de tous les déchirements qui peuvent demeurer dans le cœur, le porte-parole indéfectible qui osa se plaindre dans l'amertume de son âme[77] « et s'opposer à Dieu ». Pourquoi cache-t-on cela ? Maudit soit celui qui dévore le bien des veuves et des orphelins[78] et les dépouille de leur héritage ; mais maudit soit aussi celui qui, sournoisement, veut ravir à l'affligé la consolation passagère d'épancher sa tristesse en « lassant les oreilles de Dieu[79] » ! La peur de Dieu serait-elle, de nos jours, si grande que l'affligé n'ait plus besoin de ce qui était en usage autrefois ? Peut-être n'ose-t-on plus se plaindre devant Dieu ? Est-ce la crainte de Dieu qui a augmenté, ou bien est-ce la lâcheté et la peur ? On pense aujourd'hui que l'expression réelle de la tristesse, les paroles désespérées de la passion doivent être laissées aux poètes qui, tels les avocats dans un tribunal d'instance, soumettent la cause de celui qui souffre à la cour compatissante et bienveillante des hommes. Personne n'ose s'aventurer plus loin. Parle donc, toi, Job l'inoubliable ! Répète toutes tes paroles, ô toi, puissant avocat qui comparais devant le tribunal suprême avec l'intrépidité du lion rugissant ! Ta parole recèle la force, et ton cœur la crainte de Dieu, même quand tu te plains, quand tu protèges ton désespoir contre tes amis qui attendent là, tels des voleurs, pour t'assaillir de leurs discours, même quand, excédé de leurs propos, tu écrases leur sagesse et méprises leur défense du Seigneur, pareilles aux pauvres arguments d'un serviteur délaissé ou d'un habile ministre d'État. C'est de toi que j'ai besoin, d'un homme qui sache se plaindre si fort que son cri résonne jusqu'aux cieux, où Dieu délibère avec Satan pour établir des plans contre un homme ! Plains-toi, le Seigneur ne craint rien, il sait comment se défendre ; mais comment le pourrait-il quand personne n'ose émettre la moindre plainte comme il sied à tout homme ? Exprime-toi, hausse le ton, parle fort ; Dieu peut bien parler plus fort, lui qui possède le tonnerre – mais le tonnerre est aussi une réponse, une explication sérieuse, loyale, de première source, une réponse de Dieu lui-même qui, même si elle écrase l'homme, est plus admirable que les ragots et les rumeurs sur la justice de la Providence, inventés par la sagesse des hommes et répandus par les eunuques et de vieilles bonnes femmes.

Mon bienfaiteur inoubliable, toi, Job, dans les tourments ! Oserai-je me joindre à ta compagnie, aurai-je le plaisir de t'entendre ? Ne me repousse pas, je ne suis pas hypocrite près de ton tas de cendres, mes larmes sont bien réelles quand tout ce dont je suis encore capable est de pleurer avec toi. L'homme joyeux recherche la joie pour la partager, bien que celle qui le réjouisse le plus soit la joie qui réside en lui ; de même, celui qui porte le deuil recherche l'affliction. Je n'ai pas possédé le monde, je n'ai jamais eu sept fils et trois filles[80], mais celui qui possédait peu de choses peut aussi avoir tout perdu ; il peut aussi bien avoir perdu filles et garçons, celui qui a perdu l'être aimé ; il peut avoir reçu de funestes blessures[81], celui qui a perdu l'honneur et la fierté, et avec eux la force et la raison de vivre.

Votre ami anonyme

Le 11 octobre

Mon discret confident !

Ma vie a atteint son extrême limite ; je suis écœuré de l'existence, elle est fade et n'a ni sel ni sens. Même si j'étais plus affamé que Pierrot, Dieu veuille que je ne gobe pas l'explication que proposent les hommes. Tout comme on enfonce son doigt dans la terre pour reconnaître le pays où l'on se trouve, je plonge mon doigt dans l'existence – et elle ne sent rien du tout. Où suis-je ? Que signifie le monde ? Que veut dire ce mot ? Qui m'a dupé en m'abandonnant ici ? Qui suis-je ? Comment suis-je venu en ce monde ; pourquoi ne m'a-t-on rien demandé, pourquoi ne m'a-t-on pas mis au courant des us et coutumes, mais fourré dans le rang, comme si j'avais été acheté par un trafiquant d'âmes[82] ? À quel titre suis-je intéressé à cette vaste entreprise qu'on appelle la réalité et pourquoi devrais-je y être intéressé ? N'est-ce pas une affaire libre ? Et si je suis forcé de l'être, où est le directeur ?

J'ai une remarque à lui faire. N'y a-t-il aucun directeur ? À qui dois-je adresser ma réclamation ? La vie est soumise à un débat, puis-je demander que mon point de vue soit pris en considération ? S'il faut accepter l'existence telle qu'elle est, ne vaudrait-il pas mieux que l'on sache comment elle est ? Que veut dire le mot imposteur ? Cicéron[83] ne dit-il pas qu'on le démasque en lui posant la question : *cui bono*[84] ? Je laisse à chacun le soin de poser la question, et je demande à chacun si j'ai tiré quelque profit en faisant mon malheur et celui d'une jeune fille. Être coupable : qu'est-ce que cela signifie ? Est-ce affaire de sorcellerie ? Ne sait-on pas exactement comment un homme se rend coupable ? N'y a-t-il personne pour répondre ? N'est-ce pas de la plus haute importance pour toutes les personnes concernées ?

Ma raison s'est arrêtée ou, plus exactement, je l'abandonne. Un moment je suis las et abattu, comme mort d'indifférence ; le moment suivant, j'enrage et, désespéré, je traverse le monde d'un bout à l'autre, afin de trouver quelqu'un sur qui je pourrais vider toute ma colère. Tout ce qui est en moi crie la contradiction. Comment suis-je devenu coupable ? Ou, alors, suis-je non coupable ? Mais pourquoi suis-je appelé ainsi dans toutes les langues ? Quelle pitoyable invention que le langage humain, qui affirme une chose mais en pense une autre !

Ne m'est-il rien arrivé, n'est-ce pas un accident ? Pouvais-je savoir d'avance que tout mon être subirait une métamorphose, que je deviendrais un autre homme ? Ce qui sommeillait obscurément dans les profondeurs de mon âme a peut-être surgi ? Mais, si cela gisait dans l'ombre, comment aurais-je pu le prévoir ? Mais, si je ne pouvais le prévoir, alors je suis innocent. Si j'avais eu une crise d'apoplexie, aurais-je été coupable ? Quel est donc ce lamentable jargon que l'on nomme langage humain, que seule une clique peut comprendre ? Les bêtes ne sont-elles pas plus sages, elles qui ne parlent jamais de ces choses ? Suis-je infidèle ? Si elle continuait de m'aimer, et n'aimait jamais personne d'autre, elle me serait alors fidèle. Si je persiste seulement à vouloir l'aimer, suis-je donc infidèle ? Après tout, nous faisons tous deux la même chose : comment suis-je donc un imposteur en montrant ma fidélité par ma tromperie ? Pourquoi doit-elle avoir raison, et moi tort ? Quand nous sommes tous deux sincères, pourquoi alors dire dans la langue des hommes qu'elle est fidèle et moi un imposteur ?

Si le monde entier se dressait contre moi, si tous les scolastiques disputaient avec moi, s'il en allait de ma vie : j'aurais pourtant raison. On ne peut m'arracher cette certitude, bien qu'il n'y ait pas de langue où je puisse la formuler. J'ai agi avec droiture. Ma passion ne trouve pas à s'exprimer dans le cadre du mariage. Si je l'épousais, elle en ressortirait brisée. Peut-être que l'éventualité a pu lui apparaître attirante. Je n'y peux rien, car tel était aussi le cas pour moi. À l'instant même où la réalité apparaît, tout est perdu et il est alors trop tard. Cette réalité[85] où elle doit trouver le sens de sa vie n'est plus pour moi qu'une ombre courant à côté de ma propre réalité spirituelle, une ombre qui tantôt me fera rire, tantôt viendra perturber mon existence. Il en résultera que pour la prendre dans mes bras, je tâtonnerai comme si j'attrapais une ombre, ou comme si je tendais ma main vers une ombre. Sa vie ne sera-t-elle pas alors gâchée ? Pour moi, elle sera comme morte ; elle pourrait même éveiller dans mon esprit la tentation et le désir de sa mort. Si je la brise et l'efface à l'instant même où je ferai d'elle une réalité, au lieu de la maintenir dans l'autre cas, dans une réalité vraie, quoique angoissante – alors qu'arrivera-t-il ? Selon le langage, je suis coupable, car j'aurais dû le prévoir. – Quelle est donc cette puissance qui veut me ravir mon honneur et ma fierté, et cela d'une manière aussi absurde ? Suis-je donc à sa merci ? Faut-il que je sois coupable et imposteur, quoi que je fasse, même si je ne fais rien ? – Ou suis-je peut-être vraiment fou ? Alors mieux vaudrait m'enfermer, car la lâcheté humaine craint surtout les explications des fous et des mourants. Que signifie le terme fou ? Que dois-je faire pour jouir de l'estime des citoyens et pour être considéré comme sensé ? Pourquoi ne me répond-on pas ? Je promets une récompense raisonnable à celui qui trouvera un mot nouveau ! J'ai posé des alternatives. Y a-t-il quelqu'un de suffisamment sensé qui connaisse plus que ces deux termes ? Mais s'il n'en connaît pas d'autre, prétendre que je suis fou, infidèle et imposteur est un non-sens, tandis que la jeune fille serait fidèle, raisonnable et digne d'estime. Ou encore, me reprochera-t-on d'avoir rendu aussi agréable que possible la première phase de notre relation ? Merci. Quand je vis sa joie d'être aimée, je me suis soumis, ainsi que tout ce qu'elle montrait du doigt, au charme magique de l'amour. Est-ce une faute que j'aie pu le faire, ou que je l'aie fait ? Qui est coupable, sinon elle et le tiers dont personne ne sait d'où il vient, et qui me métamorphosa d'un seul coup ? Ce que j'ai fait, on l'approuve chez d'autres. – Ou bien serait-ce ma récompense d'être devenu poète ? Je refuse toute récompense, j'exige mon droit, c'est-à-dire mon honneur. Je n'ai pas demandé à devenir poète, et ne veux pas de ce titre à ce prix là. – Ou bien encore, si je suis coupable, je dois pouvoir me repentir de ma faute et la réparer. Qu'on m'explique comment. Devrais-je par-dessus le marché me repentir du fait que le monde se permet de jouer avec moi comme l'enfant le fait d'un hanneton ? – Ou bien, le mieux serait de tout oublier ? Oublier, mais j'ai cessé d'être si j'oublie tout cela ; ou quelle est donc cette vie lorsque, avec ma bien-aimée, j'ai perdu l'honneur et la fierté, de telle sorte que personne ne sait comment cela s'est produit, ni pourquoi je ne pourrai jamais réparer cela ? Dois-je me laisser ainsi chasser, pourquoi m'a-t-on repoussé à l'intérieur, l'ai-je demandé ?

Celui qui est mis au pain sec et à l'eau se porte beaucoup mieux que moi. Humainement parlant, mes réflexions sont la diète la plus rigoureuse qui soit, et pourtant je ressens une satisfaction à me comporter ainsi dans tout mon microcosme, d'une façon aussi macrocosmique que possible.

Je ne parle pas avec les gens ; néanmoins, pour ne pas perdre tout contact avec eux, et pour ne pas leur donner des bavardages pour argent comptant, j'ai rassemblé une série de vers, de maximes substantielles, de dictons, de courtes sentences tirés des auteurs grecs et romains immortels, qui ont fait l'admiration des siècles. J'ai joint à cette anthologie plusieurs citations remarquables tirées du manuel d'apprentissage de Balle édité sous les auspices de la Maison des orphelins. Si l'on me questionne, j'ai une réponse toute prête. Je peux citer les classiques aussi bien que Peer Degn[86], et par-dessus le marché le manuel de Balle[87]. « Même si nous avions obtenu tout l'honneur désirable, nous ne devons pas nous laisser entraîner à l'arrogance et à l'orgueil. » Je ne trompe donc personne. Combien disent toujours une vérité ou font une remarque sensée. « En général, sous le terme de monde, on englobe à la fois le ciel et la terre et tout ce qui s'y trouve. »

À quoi bon vouloir ajouter quelque chose : il n'y a personne pour me comprendre ; ma douleur et ma souffrance n'ont pas de nom, comme moi ; et bien que sans nom, peut-être serai-je néanmoins éternellement quelque chose pour vous, et reste en tout cas

Votre dévoué

Le 15 novembre

Mon discret confident !

Ah, si je n'avais pas Job ! Il est impossible de décrire et de nuancer la signification multiple qu'il peut avoir pour moi. Je ne le lis pas avec les yeux, comme on lit un autre livre ; je pose pour ainsi dire le livre tout contre mon cœur, et je le lis avec les yeux du cœur ; je comprends en état de *clairvoyance*[88] ses particularités de mille manières. Tout comme l'enfant pose son livre sous l'oreiller pour être sûr de ne pas avoir oublié sa leçon à son réveil le matin, de même je prends le livre de Job avec moi dans mon lit. Chacun de ses mots nourrit mon âme misérable, la vêt et la guérit. Tantôt une parole de lui me sort de ma léthargie et me réveille à une nouvelle inquiétude ; tantôt elle apaise la rage stérile dans mon cœur, et met fin à la cruauté des muets tourments de la passion. Vous avez bien lu Job ? Lisez-le, encore et toujours. Je n'ai pas le cœur à vous citer ne serait-ce qu'un extrait dans une lettre, bien que je trouve une grande joie à faire sans cesse des copies de tout ce qu'il a dit, tantôt avec des caractères danois, tantôt avec des caractères latins, tantôt dans un format, tantôt dans un autre. Chacune de ces copies est posée telle une main de Dieu[89] sur mon cœur malade. Et sur qui Dieu posa-t-il sa main divine comme sur Job ? Mais le citer, cela m'est impossible. Ce serait vouloir donner mon avis ou m'approprier ses paroles en présence d'un autre. Je le fais lorsque je suis seul ; je me l'approprie totalement ; mais dès qu'il y a quelqu'un, je sais ce qu'un jeune homme doit faire quand parlent les personnes d'expérience.

Dans tout l'Ancien Testament, il n'est pas une personne que l'on puisse approcher avec autant de confiance, de franchise et d'espoir humains que Job, car tout en lui est profondément humain, parce qu'il se situe aux confins de la poésie. Nulle part au monde la passion de la souffrance n'a trouvé une telle expression. Que représente donc Philoctète[90] avec ses plaintes terre-à-terre, incapables d'effrayer les dieux ? Quelle est la situation de Philoctète, comparée à celle de Job, chez qui l'idée est constamment en mouvement ?

Pardonnez-moi de raconter tout cela, mais vous êtes après tout mon confident et vous ne pouvez répondre. Si quelqu'un l'apprenait, cela me plongerait dans une angoisse indescriptible.

La nuit, il arrive que je laisse les bougies allumées dans ma chambre, que je fasse éclairer toute la maison. Alors, je me lève et lis à haute voix – criant presque – tel ou tel passage de Job. Ou bien j'ouvre ma fenêtre et crie ses imprécations à la terre entière. Si Job n'est qu'une figure poétique, si un tel homme n'a jamais existé sachant s'exprimer comme lui, alors je fais miennes ses paroles et j'en prends la responsabilité. Je ne puis faire davantage ; car qui, sinon Job, peut avoir une telle éloquence, qui est capable d'améliorer une seule de ses paroles ?

Bien qu'ayant lu et relu son livre, chaque mot me semble toujours nouveau ; le mot éclôt comme à l'origine, et produit dans mon âme son impression originelle. Tel un soiffard, je bois toute l'ivresse de la passion goutte à goutte, la vidant lentement, jusqu'à ce que je tombe ivre mort. D'autre part, je me précipite sur ces paroles avec une impatience indescriptible. Un demi-mot, et mon âme se précipite dans la pensée de Job et dans ses imprécations ; plus vite que la sonde que l'on a jetée n'atteint les fonds abyssaux, plus vite que l'éclair n'atteint le paratonnerre, mon âme s'y glisse et s'y accroche.

D'autres fois, je suis plus calme. Je ne lis pas, mais reste affalé, comme une vieille ruine, m'abandonnant à la contemplation. Alors, je suis comme un petit enfant qui gambade de-ci de-là, fouillant dans sa chambre ou qui reste assis dans un coin avec son jouet. Je deviens alors tout bizarre. Je n'arrive pas à comprendre ce qui rend les adultes si passionnés, ni m'expliquer les raisons de leurs querelles, et pourtant je ne puis m'empêcher d'écouter. Il me semble alors que des gens méchants ont causé à Job toute cette peine ; ce sont ses amis qui, maintenant, sont là à aboyer. Alors, j'éclate bruyamment en sanglots ; une angoisse indicible du monde, de la vie et des hommes et de tout vient accabler mon âme.

Puis je me réveille et recommence à le lire à haute voix, de toutes mes forces et de tout mon cœur. Soudain, je me tais ; je n'entends plus rien, je ne vois plus rien, mais dans des contours indécis, je peux deviner Job, assis sur son tas de cendres avec ses amis ; personne ne parle, mais ce silence cache toutes les terreurs qui sont en lui, comme un secret que personne n'ose prononcer.

Alors, le silence est rompu et l'âme tourmentée de Job jaillit en cris retentissants. Je les comprends, ces mots que je fais miens. Mais immédiatement je sens la disproportion, et je souris de moi-même, comme on rit d'un enfant qui aurait revêtu les habits de son père. N'est-il pas risible que tout autre que Job veuille dire : Ah ! si un homme pouvait intenter un procès à Dieu[91] comme le feraient les fils de l'homme contre leurs compagnons. Et pourtant, l'angoisse vient m'assaillir, comme si, ne la comprenant pas encore – un jour je la comprendrais–, comme si déjà me guettait l'épouvante que je suis en train de lire, comme si je l'attirais sur moi par cette lecture, tout comme on attrape la maladie dont on lit la description.

Le 14 décembre

Mon discret confident !

Il y a un temps pour tout[92] ; la violence de la fièvre est passée ; je suis tel un convalescent.

Le secret, la vitalité, le nerf, l'idée de Job, c'est que, malgré tout, il a raison. Par cette prétention, il est une exception vis-à-vis de toutes les considérations humaines ; sa persévérance et sa force sont la preuve de la justice et du bien-fondé de sa cause. Toute explication humaine n'est, à ses yeux, que malentendu, et toute sa misère n'est au regard de Dieu qu'un sophisme qu'il ne peut résoudre lui-même ; mais il fait confiance à Dieu pour le résoudre. En dépit de tout *argumentum ad hominem* employé contre lui, il s'en tient fermement à sa conviction. Il prétend être en bonne intelligence avec le Seigneur ; il se sait innocent et pur au fond de son cœur, et en outre il sait l'être aussi avec le Seigneur ; pourtant, toute la vie le réfute. C'est là que réside la grandeur de Job : chez lui, la passion de la liberté ne se laisse pas étouffer ou apaiser par un sophisme. En de telles circonstances, cette passion est bien souvent étouffée chez l'homme, quand la pusillanimité et une angoisse tatillonne lui font croire qu'il souffre à cause de ses péchés, alors qu'il n'en a commis aucun. Son âme n'a pas la persévérance requise pour aller jusqu'au bout d'une idée, quand le monde s'acharne à le contredire. Quand on pense que le malheur vous frappe à cause de vos péchés, cela peut être beau, sincère et humble ; mais cela peut aussi provenir du fait qu'on conçoit obscurément Dieu comme un tyran ; ce qu'on exprime d'une façon insensée, en ce sens qu'instantanément on ramène Dieu à des définitions éthiques – Job n'en devint pas pour autant démoniaque ; ainsi, par exemple, quand un homme donne raison à Dieu, bien qu'il pense avoir lui-même raison. Cet homme veut ainsi montrer son amour pour Dieu, même lorsque Dieu veut induire en tentation celui qu'il aime. Ou encore, comme Dieu ne peut refaire le monde rien que pour lui, cet homme restera suffisamment magnanime pour continuer à l'aimer. Il s'agit là d'une passion tout à fait démoniaque, elle mériterait une étude psychologique particulière, soit qu'elle mette en quelque sorte fin à la querelle d'une façon humoristique, pour ne plus faire d'histoires, soit qu'elle parvienne à son comble dans un défi égoïste, par la force de son sentiment.

Job maintient sa prétention à avoir raison. Il témoigne ainsi de la noble franchise humaine, qui sait néanmoins ce qu'est un être humain ; bien qu'il soit chétif et qu'il se fane rapidement, comme le font les fleurs, il touche à la grandeur en matière de liberté. Il possède une conscience que Dieu lui-même ne peut lui ôter, bien qu'il lui en ait fait don. Job maintient sa prétention, de sorte que l'on voit en lui l'amour et la confiance assurés que Dieu peut tout expliquer, pourvu que l'on arrive simplement à lui parler.

Les amis de Job lui donnent suffisamment à faire ; les combattre représente pour lui un vrai purgatoire, où se purifie l'idée qu'il a malgré tout raison. Si la force et l'ingéniosité venaient à lui faire défaut, pour tourmenter sa conscience et effrayer son âme, s'il manquait d'imagination pour prendre peur de lui-même, des fautes et des crimes, peut-être cachés au plus profond de son cœur, ses amis pourraient le stimuler par leurs allusions pertinentes, leurs accusations blessantes capables, comme la baguette magique jalouse, de faire surgir ce qui était le plus profondément enfoui en lui. Son malheur leur fournit leur principal argument qui les renforce dans leur certitude. On pourrait croire que Job devrait perdre la raison, ou s'effondrer dans la misère, épuisé, jusqu'à capituler sans condition. Éliphaz, Bildad,

Ésophar, et en tout premier Élihou, qui se lève frais et dispos quand les autres sont fatigués, varient la thématique, selon laquelle son malheur est un châtiment : il doit se repentir, demander pardon, et alors tout rentrera dans l'ordre.

Job n'en démord pas. Sa prétention est comme un passeport avec lequel il abandonne les hommes et le monde. C'est une créance que les hommes protestent, mais que Job n'annule pas. Il use de tous les moyens pour toucher ses amis. Il essaie d'éveiller leur compassion, (« Ayez pitié de moi[93] »), il les terrifie par ses paroles (« Vous ne tissez que des mensonges[94] »), mais en vain. Ses cris de douleur se font de plus en plus forts, à mesure que la contradiction de ses amis approfondit sa pensée au milieu de ses souffrances. Pourtant, cela ne touche pas ses amis, car ce n'est pas de cela qu'il s'agit à leurs yeux. Ils admettraient volontiers qu'en raison de ses souffrances il ait de bonnes raisons de crier, car « l'âne sauvage ne brait pas auprès de l'herbe tendre[95] », mais ils exigent qu'il voie dans ses malheurs un châtiment.

Comment peut-on expliquer cette prétention de Job ? De la manière suivante : tout n'est qu'*épreuve*. Mais cette explication entraîne une nouvelle difficulté que je me suis efforcé d'expliquer ainsi. La science a étudié la vie et l'explique ; et, dans la vie, le rapport de l'homme à Dieu.

Or quelle science est capable de faire la place à un rapport prévu comme une épreuve qui, au point de vue de l'infini, n'a pas de réalité mais n'en a que pour l'homme ? Une telle science n'existe pas et ne peut pas exister. Par conséquent : comment l'homme peut-il savoir qu'il s'agit d'une épreuve ? L'homme qui a une idée d'une existence pensante, et d'un certain être de conscience, conçoit aisément que cela est plus vite dit que fait, ou moins vite passé que dit, ou moins vite retenu que dit. Tout d'abord, l'événement doit se dégager de ses éléments cosmiques et recevoir un baptême et un nom religieux ; alors, on pourra se soumettre au contrôle de l'éthique, et surgira enfin le terme d'épreuve. De toute évidence, auparavant, l'homme n'existe pas par la force de la pensée. Toute explication est plausible, et le tourbillon de la passion est déchaîné. Seuls les hommes qui n'ont aucune conception, ou une conception dérisoire de vivre en vertu de l'esprit, ont rapidement tranché la question : en guise de consolation, ils donnent une demi-heure de catéchisme, tout comme nombre d'élèves en philosophie offrent une théorie obtenue à la va-vite.

La grandeur de Job n'est donc pas d'avoir dit : « Le Seigneur a donné, le Seigneur a repris, que le nom du Seigneur soit béni », ce qu'il a affirmé au début, une fois pour toutes ; la signification de Job prend tout son sens dans le fait que les conflits surgissant aux confins de la foi sont chez lui complètement vidés, et que cet énorme soulèvement des forces sauvages et belliqueuses de la passion trouve chez lui son expression.

C'est pourquoi Job ne rassure pas comme un héros de la foi ; mais il apaise d'une façon provisoire. Job est en un sens le substantiel plaidoyer émanant de l'homme dans son grand débat avec Dieu, dans ce procès terrible et compliqué, dont l'origine est dans le mal interposé par Satan entre Dieu et Job, et qui finit en reconnaissant que tout cela n'était qu'une épreuve.

Cette catégorie de l'épreuve n'est ni esthétique, ni éthique, ni dogmatique, elle est totalement transcendante. Il faut d'abord savoir que l'épreuve est épreuve, pour qu'elle trouve sa place en dogmatique. Mais, dès que ce savoir est posé, l'épreuve perd de sa souplesse et sa catégorie devient en réalité tout à fait différente. Cette catégorie est absolument transcendante et met l'homme dans une relation d'opposition purement personnelle par rapport à Dieu, dans un rapport tel qu'il ne peut se contenter d'une explication de seconde main.

Qu'un certain nombre de personnes aient, en toute occasion, cette catégorie à offrir, du moment que la bouillie soit brûlée, prouve simplement qu'ils ne l'ont pas comprise. Quand on a développé une vaste connaissance du monde, il faut faire un très long détour avant de pouvoir l'atteindre. C'est le cas de Job qui montre l'étendue de sa conception du monde par l'inébranlable fermeté avec laquelle il sait éviter tous les rusés subterfuges de l'éthique et ses coups insidieux. Job n'est pas un héros de la foi, il enfante la catégorie de « l'épreuve » dans d'horribles souffrances, car il est trop mûr pour la saisir dans l'immédiateté propre à l'enfance.

Que cette catégorie tende à rayer d'un trait et à suspendre toute la réalité en la posant comme une épreuve par rapport à l'éternité, je peux le constater. Néanmoins, cette objection n'a pas réussi à imposer son emprise sur moi, car l'épreuve est une catégorie *temporaire*, elle est *eo ipso* fixée par rapport au temps, et doit donc être abolie dans le temps.

Voilà tout ce que je comprends pour le moment, et comme je me suis permis de vous initier à toute ma réflexion, je vous écris aussi ces lignes pour moi-même. Je n'attends rien de vous et ne vous demande rien, sinon de m'autoriser à rester

Votre dévoué

Le 13 janvier

Mon discret confident !

La tempête a cessé – l'orage est passé – Job a été blâmé à la face de l'humanité – le Seigneur et Job se sont compris, ils se sont réconciliés, « la confiance du Seigneur a retrouvé sa place dans le campement de Job comme au temps jadis » – Les hommes ont compris Job, *maintenant* ils viennent à lui, partagent le pain avec lui et le réconfortent, ses frères et sœurs lui font chacun présent d'un denier et d'un bijou en or – Job est béni et a tout reçu *en double*. – On appelle cela : une répétition.

Qu'un orage peut faire du bien[96] ! Quelle grâce que d'être réprimandé par Dieu ! Ordinairement, on s'endurcit facilement sous la réprimande ; mais quand Dieu est juge, l'homme se perd et oublie sa douleur dans l'amour qui saura l'éduquer.

Qui aurait pu imaginer un tel dénouement ? Et pourtant, nul autre n'est imaginable, alors que celui-ci ne l'est pas non plus. Quand tout s'est bloqué, lorsque la pensée s'est arrêtée et la langue réduite au mutisme, quand l'explication recule et rentre désespérée chez elle – alors, il faut qu'un nouvel orage éclate. Qui peut le comprendre ? Pourtant, qui peut trouver autre chose ?

Job avait-il tort ? Oui ! Pour l'éternité ; car il ne pouvait aller plus haut que le tribunal qui l'a jugé. Avait-il raison ? Oui ! Pour l'éternité, car il eut tort *devant Dieu*[97].

Alors, il s'agit bien d'une répétition. Quand apparaît-elle ? Il n'est pas facile de le dire en quelque langue que ce soit. Quand apparut-elle à Job ? Lorsque toute certitude et toute vraisemblance humaines imaginables furent impossibles. Peu à peu, Job perd tout ; l'espérance s'efface progressivement, car la réalité, loin de s'apaiser, dépose contre lui des charges de plus en plus sévères. Dans l'immédiat, tout est perdu. Pour ses amis, et surtout Bildad, il n'y a qu'une issue : que Job se soumette au châtiment, il pourra alors espérer une répétition abondante. Job s'y refuse, et ainsi le nœud de l'imbroglio se resserre et ne peut être résolu que par un coup de tonnerre.

Pour moi, ce récit contient une consolation indescriptible. Quelle chance, n'est-ce pas, que je n'aie pas suivi votre plan dont j'admirais la pertinence. Peut-être cela fut-il une lâcheté de ma part aux yeux des hommes, mais cette conduite m'a peut-être assuré plus facilement l'aide de la Providence.

Je ne regrette qu'une chose, c'est de ne pas avoir demandé à la jeune fille de me rendre ma liberté. Je suis convaincu qu'elle l'aurait accepté. Qui saurait comprendre la magnanimité d'une jeune fille ? Et pourtant, je ne peux pas vraiment le regretter, car je sais que j'ai agi ainsi en raison de la trop haute opinion que j'avais d'elle.

Si je n'avais pas Job ! Je n'ajouterai rien pour ne point vous accabler davantage avec mon éternelle rengaine.

Votre dévoué

Le 17 février

Mon discret confident !

Me voici innocenté ? Comme on le dit dans le langage des brigands ; ou bien au bénéfice de la grâce royale[98] ? Je l'ignore, la seule chose que je sache c'est que je suis assis là, et je ne bouge pas. Je suis là debout, au sommet ou au pied ? Je l'ignore, mais je sais que je suis là debout et me trouve maintenant *suspendo gradu*[99] depuis un mois complet, sans avoir ramené ma jambe à moi, ou sans avoir fait le moindre mouvement.

J'attends un orage – et la répétition. Si du moins l'orage arrivait ! Déjà cette attente me plonge dans un état de bonheur indescriptible, même si mon jugement implique l'impossibilité d'une répétition.

Que produira cet orage ? Il me rendra capable d'être un bon époux. Il écrasera toute ma personnalité, c'en est fait de moi, il me rendra presque méconnaissable à moi-même, mais je ne vacille pas, bien que je me tienne sur une jambe. Mon honneur est sauf, ma fierté recouvrée ; et quelle que soit la façon dont il me transformera, j'espère pourtant que ce souvenir ne me quittera pas, tel un réconfort inépuisable, qu'il sera là quand arrivera ce que dans un certain sens je crains plus que le suicide, car cela me bouleversera bien différemment. Si l'orage n'éclate pas, alors je m'abandonnerai à la traîtrise ; sans mourir pour autant, je feindrai seulement la mort, pour que mes amis et mes parents puissent m'enterrer. Quand on me mettra dans le cercueil, j'enfermerai secrètement en moi toute mon espérance. Personne ne le saura, car on se garderait bien d'enterrer un homme qui est encore vivant.

Du reste, je fais tout ce qui est en mon pouvoir pour me préparer au rôle de l'époux. Je rogne mon personnage, je rejette tout l'incommensurable pour m'adapter à la commune mesure[100] ! Chaque matin, j'abandonne toute l'impatience de mon âme et son effort sans fin, mais en vain ; l'instant d'après, ils sont de nouveau là. Chaque matin, je rase tous les poils de mon ridicule, mais cela ne sert à rien, car le lendemain matin ma barbe est toujours aussi longue. Je me révoque moi-même comme la banque retire ses billets pour en mettre de nouveaux en circulation ; cela ne marche pas. J'échange tout mon patrimoine d'idées et mes hypothèques contre de l'argent de poche conjugal – Hélas ! hélas ! dans cette monnaie-là, ma richesse se réduit à bien peu de chose.

J'arrête ici, car ma position et ma situation ne me permettent pas de me répandre en paroles.

Votre dévoué

Bien que depuis longtemps je sois revenu des choses de ce monde et que j'aie renoncé à toute théorisation, je ne puis nier que l'intérêt que je portais à ce jeune homme m'a fait dévier de mon mouvement de pendule, tant il m'apparaissait clairement qu'il se trouvait dans l'erreur complète. Il souffre d'une générosité mélancolique totalement intempestive, qui ne peut résider que dans le cerveau d'un poète. Il attend un orage qui fera de lui un mari, une crise d'apoplexie peut-être. Or il s'agit de tout le contraire. Il est de ceux qui disent : « Bataillon, demi-tour ! », au lieu de le faire eux-mêmes ; ce qu'on peut exprimer ici d'une autre façon : la fille doit être écartée. Si je n'étais pas si vieux, je me ferais un plaisir de la prendre rien que pour venir en aide au jeune monsieur.

Il se félicite de ne pas avoir suivi mon plan « astucieux ». Cela lui ressemble tout à fait. En cet instant même, il ne peut toujours pas reconnaître que c'était le seul valable. Il est impossible de s'immiscer dans ses affaires, et d'ailleurs c'est une chance qu'il ne souhaite pas de réponse ; car correspondre avec un homme possédant en main l'atout d'un orage deviendrait ridicule. S'il avait au moins ma sagesse. Je n'en dirai pas davantage. S'il lui plaît de donner après coup à l'événement une dimension religieuse, libre à lui ; je n'ai rien à objecter. Mais il est toujours bon d'avoir fait tout ce que la sagesse humaine peut prescrire. Si cela n'avait tenu qu'à moi, j'aurais aidé plus efficacement la jeune fille. Maintenant, elle aura peut-être beaucoup plus de mal à l'oublier. Ellc n'en est pas encore arrivée aux cris, et c'est bien le malheur. Les cris sont nécessaires, c'est bon signe, tout comme l'on saigne après une contusion. Il faut laisser une jeune fille crier ; par la suite, elle n'aura plus de raison de le faire et oubliera vite.

Il n'a pas suivi mon conseil, et maintenant elle est probablement plongée dans la tristesse. Que cela soit extrêmement préjudiciable pour le jeune homme, je le conçois aisément. Si une jeune fille voulait ainsi me rester fidèle, je la craindrais plus que tout au monde, bien plus que l'homme libre ne redoute le tyran. Elle serait mon angoisse ; chaque instant me rappellerait son souvenir, comme on souffre d'une dent gâtée. Elle serait mon angoisse, parce qu'idéale, et parce que je suis beaucoup trop fier en matière de sentiment pour supporter qu'un seul être humain ait un sentiment plus fort et plus constant que le mien. Si elle se maintenait à ce sommet de l'idéal, alors je devrais me résigner à ce que ma vie, au lieu d'avancer, demeure sur place *in pausa*[101]. Peut-être était-il de ceux qui ne pourraient supporter cette pénible admiration qu'elle leur arracherait, et qui concevraient une telle jalousie d'elle qu'ils auraient recours à tous les moyens pour la faire tomber de son piédestal, c'est-à-dire conclure le mariage.

Si elle disait, comme souvent on le dit, l'écrit, l'imprime, le lit et l'oublie, et le répète : « Je t'ai aimé, je le reconnais maintenant » (*maintenant*, bien qu'elle l'ait répété probablement des centaines de fois auparavant) ; « je t'ai aimé plus que Dieu » (ce qui n'est pas peu dire… ni non plus beaucoup de nos jours où la piété et la crainte de Dieu sont après tout un phénomène encore plus rare) – alors cela ne devrait guère le troubler. L'idéal n'est pas de mourir de chagrin, mais de conserver autant que possible sa joie et sa santé tout en préservant son sentiment. Faire un autre mariage est très commun. C'est un signe de faiblesse, une virtuosité plébéienne très simple, pour laquelle seuls les bons bourgeois présentent les armes[102]. Quiconque voit la vie avec un œil d'artiste reconnaît facilement que c'est une conception erronée irréparable, même si l'on se marie sept fois.

D'ailleurs, lorsqu'il regrette de ne pas lui avoir demandé sa liberté, il peut volontiers s'épargner ce désagrément ; cela n'aurait pas servi à grand-chose. Selon toute vraisemblance humaine, il lui aurait justement fourni une arme contre lui ; car implorer sa liberté est tout autre chose que se fendre d'une explication en déclarant à la jeune fille qu'elle a été sa muse. Nous voyons bien qu'il s'agit d'un poète. Un poète est pratiquement né pour devenir le bouffon attitré de ces jeunes demoiselles. Si la jeune fille se moquait de lui ouvertement, il n'y verrait que de la magnanimité. Il doit plutôt s'estimer heureux de ne pas avoir commencé par cette imprudence. Elle aurait probablement donné ainsi toute sa mesure. Elle ne se serait pas seulement appliquée dans la petite scène amoureuse, comme c'est permis et comme c'est son droit, mais aussi dans le grand tableau du mariage[103]. Elle aurait pris Dieu pour témoin, invoqué tout ce qui est sacré, confisqué tout souvenir précieux pouvant encore demeurer en son âme. À cet égard, de nombreuses jeunes filles, lorsque l'occasion se présente, utilisent sans scrupule une fourberie que même un séducteur n'oserait employer. Celui qui dans le domaine de l'Éros invoque l'aide de Dieu, et veut être aimé pour l'amour de Dieu, cesse d'être lui-même ; il prétend devenir plus fort que le ciel, et même prendre plus d'importance que le salut de l'homme. – Supposons que la jeune fille l'eût instruit à cette école, il n'aurait peut-être jamais oublié la chose ou ne s'en serait jamais remis. Il aurait probablement été trop chevaleresque pour écouter un seul mot sensé de ma part, mais aurait pris tout éclat de voix de la jeune fille pour argent comptant, et l'aurait conservé comme une vérité éternelle. Supposons que la suite en eût montré l'exagération, tout se réduisant à un petit impromptu lyrique, un divertissement sentimental… Même là, sa conception de la magnanimité aurait peut-être réussi à lui porter secours.

Mon ami est poète, et un poète est essentiellement l'esclave de cette foi exaltée en la femme. Avec votre respect, moi je suis prosaïque. En ce qui concerne l'autre sexe, j'ai mon opinion ou, plus exactement, je n'en ai aucune, n'ayant que très rarement rencontré une jeune fille dont la vie pouvait être classée dans une catégorie. Le plus souvent, cette créature manque de cette logique nécessaire pour que l'on puisse admirer ou mépriser un être humain. En premier lieu, une femme se trompe elle-même avant d'en tromper un autre ; aussi ne dispose-t-on d'aucune règle.

Mon jeune ami verra ce qu'il verra. Je n'ai aucune confiance en son orage, je crois qu'il aurait pas mal fait de suivre mon conseil ; l'idée était en mouvement dans son amour, d'où mon intérêt pour son cas. Le plan que j'avais proposé posait l'idée comme échelle de référence. C'est ce qu'il y a de plus sûr au monde. Lorsqu'on y prête attention, dans la vie, tout trompeur devient finalement ridicule. L'idée était posée ; à mon avis, il en était redevable à la bien-aimée et à lui-même. Était-elle capable de vivre d'une telle façon, sans avoir besoin de dons exceptionnels, en se conformant au sentiment intime ? Elle se serait dit à l'instant même où il la quittait : « Maintenant, je n'ai plus rien à faire avec lui, qu'il ait été un imposteur ou non, qu'il revienne ou non ; je garde l'idéal de mon propre amour, et je saurai bien le tenir en honneur. » Si elle avait agi ainsi, la position de mon ami aurait été suffisamment pénible, car il aurait alors persisté dans la douleur et la détresse que cause la sympathie. Qui ne se résignerait pas à sa place quand, au cœur même de toute sa tristesse, il aurait la joie d'admirer la bien-aimée. Sa vie en aurait été stoppée net, tout comme celle de la jeune fille ; mais elle se serait arrêtée comme peut le faire un fleuve, ensorcelé par le pouvoir de la musique. – Si elle n'était pas capable d'utiliser l'idée comme règle de vie, alors il convenait qu'il ne la troublât pas par sa douleur, et qu'il utilisât un autre procédé.

Le 31 mai

Mon discret confident.

Elle est mariée ; avec qui, je l'ignore ; quand j'ai lu cela dans le journal, j'eus comme un choc, qui fit tomber le journal de mes mains. Ensuite, je n'ai pas eu la patience de lire plus avant. Je suis de nouveau moi-même, je trouve ici la répétition. Je comprends tout et il me semble que l'existence est plus belle que jamais. Cela s'est produit comme un orage, quoi que je le doive à sa magnanimité. Quel que soit celui qu'elle a choisi – je ne dis pas : préféré ; car n'importe qui m'est préférable en qualité d'époux –, elle m'a néanmoins témoigné sa magnanimité. Quand bien même il serait le plus bel homme du monde, un modèle de gentillesse, capable de charmer n'importe quelle jeune fille, quand elle pourrait désespérer toute la gent masculine, en lui donnant son accord, elle a cependant agi d'une façon généreuse, du moins en m'ayant complètement oublié. Quoi de plus beau que la magnanimité d'une femme. Sa beauté terrestre peut se faner, l'éclat de ses yeux se ternir, sa taille svelte se courber avec les années, ses boucles perdre leur pouvoir de séduction lorsqu'elles seront cachées par une humble coiffe, son souverain regard régnant sur le monde entier pourra dans l'amour maternel restreindre son empire au cercle dont elle aura la garde – une jeune fille qui s'est montrée aussi magnanime ne vieillira jamais. Puisse la vie la récompenser comme elle l'a déjà fait, puisse-t-elle lui donner ce qu'elle a aimé le plus, car elle m'a aussi accordé ce que j'aimais le plus : moi-même, et cela grâce à la magnanimité de cette jeune fille.

Je suis de nouveau moi-même. Ce « moi » que nul autre n'a osé relever sur la grand-route, j'en ai repris possession. La discorde de mon être est chassée ; je retrouve mon unité. Les angoisses de la sympathie qui trouvaient nourriture et soutien dans ma fierté ne s'insinueront plus pour semer la discorde et tout disloquer.

N'est-ce pas là une répétition ? N'ai-je pas tout reçu en double ? Ne me suis-je pas retrouvé moi-même et de telle façon à en éprouver doublement la signification ? Qu'est donc une répétition de biens terrestres, indifférents au regard de l'esprit, en comparaison d'une telle répétition ? Les enfants furent la seule chose que Job ne reçut pas deux fois, car la vie humaine ne se prête pas si aisément à ce redoublement. Seule la répétition spirituelle est ici possible, bien qu'elle ne soit jamais aussi parfaite dans la temporalité que dans l'éternité, qui est la véritable répétition.

Je suis de nouveau moi-même, la machine est remise en état de fonctionner. Rompus sont les liens de la séduction où j'étais pris au piège ; brisée est la formule magique qui m'avait envoûté, au point que je ne pouvais me retrouver moi-même. Plus personne n'ose lever la main sur moi, ma délivrance est assurée, je suis né à moi-même ; tant qu'Ilithye[104] croise les mains, la parturiente ne peut accoucher.

C'est fini, ma barque est à flot, dans une minute je vais toucher ces rives que convoitait tant l'ardent désir de mon âme, là où les idées bouillonnent dans la violence des éléments, où les pensées se déchaînent avec fracas comme les peuples au temps des migrations, là où ne règne en d'autres temps que la sérénité, comme le profond silence de l'océan Pacifique, un silence tel que l'on peut s'entendre soi-même parler, même si le mouvement ne se produit qu'au tréfonds de votre âme ; là où l'on engage sa vie à chaque seconde pour la perdre, puis la regagner de nouveau.

J'appartiens à l'idée. Je la suis lorsqu'elle me fait signe, lorsqu'elle me donne rendez-vous, alors j'attends des jours et des nuits, personne ne m'attend au déjeuner ni pour le repas du soir. Lorsque l'idée m'appelle, j'abandonne tout, ou plus exactement je n'ai rien à laisser, je ne déçois personne, je n'attriste personne en lui gardant ma foi, et mon esprit n'est pas affligé de ce que je doive chagriner quelqu'un. Quand je rentre chez moi, personne n'ausculte ma mine, personne ne scrute ma physionomie, personne ne tente d'arracher à mon être une explication que moi-même je ne saurais donner, ignorant si je suis heureux dans ma joie, ou bien plongé dans la détresse, si j'ai gagné la vie ou si je l'ai perdue.

La coupe de l'ivresse m'est de nouveau tendue ; déjà je sens son parfum, déjà je perçois le pétillement de sa musique – mais tout d'abord une libation pour celle qui a sauvé une âme plongée dans la solitude du désespoir. Gloire à la magnanimité de la femme ! Vive l'essor de la pensée, vive le danger de mort au service de l'idée, vive le danger du combat, vive la jubilation solennelle de la victoire, vive la danse dans le tourbillon de l'infini, vive le coup de butoir de la vague qui me cache dans les abîmes, vive le choc de la vague qui me projette au-dessus des étoiles !

À l'honorable M. N. N.,
authentique lecteur de ce livre.

Copenhague, août 1843

Mon cher lecteur !

Pardonne mon ton trop confident à ton égard, nous sommes après tout *unter uns*[105]. Bien que tu sois pour moi une personne poétique, tu n'es nullement un être collectif, mais seulement un homme particulier. Nous sommes donc ici juste toi et moi.

Si l'on admet que quiconque lit un livre pour quelque raison que ce soit, étrangère à l'ouvrage, n'est pas à proprement parler un lecteur, alors il ne reste guère de lecteurs réels aux auteurs dont l'audience est vaste ; car, de nos jours, qui ose gaspiller un instant à propos de cette curieuse idée que c'est un art d'être bon lecteur et, qui plus est, d'employer du temps à le devenir ? Cette situation déplorable a naturellement son influence sur un auteur qui, à mon avis, a raison d'imiter Clément d'Alexandrie[106], afin que les hérétiques ne puissent le comprendre.

Une lectrice curieuse de connaître la fin de tout

livre traînant sur sa table de nuit, pour voir si les amants finissent par se marier, sera déçue ; car évidemment les deux amants finissent par le faire. Mais mon ami, qui pourtant lui aussi est un homme, demeure célibataire. De plus, s'il apparaît que la raison n'en est pas une cause fortuite, l'affaire devient alors suffisamment sérieuse ; cela mérite la réflexion des jeunes filles en âge d'être mariées et celles qui cherchent à tout prix le mariage et qui, rien qu'en rayant d'un trait de plume un seul représentant du sexe masculin, voient se réduire leurs espérances. Un père soucieux craindra peut-être que son fils emprunte le même chemin que mon ami, et pensera que le livre ne laisse pas une impression harmonieuse, car ce n'est pas un uniforme cousu sur mesure, qui sied à tout mousquetaire. – Un génie de rencontre trouvera peut-être que l'exception se crée beaucoup trop de complications et prend la chose trop au sérieux. – Un adepte de la vie au foyer y cherchera en vain un panégyrique des trivialités de salon ou une glorification des bavardages du salon de thé. – Un solide champion de la réalité pensera peut-être que c'est beaucoup de bruit pour rien. – Une habile entremetteuse qui excelle à réaliser de bons mariages pensera que le livre est raté, puisque l'intéressant était justement de trouver comment une jeune fille doit être faite « pour rendre un tel homme heureux » ; car il doit en exister une, ou du moins il a dû en exister une ; elle s'en assure d'une façon qui soit la plus confortable pour elle – si l'on peut dire. Un révérend décrétera qu'il y a beaucoup trop de philosophie dans ce livre ; le regard méditatif du Très Révérend y cherchera en vain ce dont la communauté a si grandement besoin de nos jours, la vraie spéculation. – Mon cher lecteur ! nous pouvons parler de cela *unter uns ;* car tu peux bien le comprendre : je ne pense pas que tous ces jugements doivent surgir dans la réalité, puisque ce livre n'aura pas tant de lecteurs.

Le livre donnera probablement à un critique quelconque l'opportunité rêvée de révéler en détail qu'il ne s'agit ni d'une comédie, ni d'une tragédie, ni d'un roman, ni d'une épopée, ni d'une épigramme, ni d'une nouvelle ; il trouvera même impardonnable que l'on cherche en vain à dire 1,2,3[107]. Il comprendra difficilement la marche suivie puisqu'elle est l'inverse ; l'ambition du livre ne lui plaira pas non plus ; car en général les critiques expliquent l'existence de telle sorte que tant le général que le particulier sont réduits à néant. Mais surtout, c'est trop exiger de la part d'un critique quelconque de s'intéresser au combat dialectique, où l'exception fait irruption dans le général, à l'intrigue longue et très compliquée où l'exception triomphe et se fait valoir comme légitime ; car l'exception illégitime est justement reconnaissable au fait qu'elle ne veut éluder le général. Ce combat est très dialectique et présente d'infinies nuances. Il suppose comme condition une célérité absolue dans la dialectique du général ; il exige la rapidité dans la reproduction des mouvements ; en un mot, il est tout aussi difficile que de tuer un homme et de le laisser vivre. D'un côté se tient l'exception, de l'autre le général, et le combat lui-même est un étrange conflit entre la colère du général et l'impatience face à tout ce tapage soulevé par l'exception, et sa prédilection enflammée pour l'exception ; car, en fin de compte, le général se réjouit tout autant d'une exception que le ciel d'un pécheur repentant préféré à quatre-vingt-dix-neuf justes[108]. D'autre part, l'insubordination et l'obstination de l'exception luttent contre sa faiblesse et son état maladif. Tout cela aboutit à un conflit où le général rompt avec l'exception, se mesure à elle dans le combat et la renforce par cette rupture. Si l'exception ne peut tenir tête à ce péril, alors le général ne sert à rien, pas plus que le ciel n'aide un pécheur qui ne peut supporter la douleur du repentir. L'exception énergique et résolue, rejeton du général, malgré sa lutte avec lui, sait se mettre à l'abri. La situation se présente ainsi. L'exception assimile le général en même temps qu'elle se livre à une analyse complète d'elle-même ; elle œuvre pour le général en s'élaborant elle-même ; elle explique donc le général en s'expliquant elle-même. C'est-à-dire que l'exception s'explique elle-même en même temps qu'elle explique le général, et si l'on veut étudier exactement le général, il suffit de chercher autour de soi une exception fondée ; elle éclaire tout beaucoup mieux que le général. L'exception légitime se trouve réconciliée dans le général ; le général est à la base pugnace à l'égard de l'exception, c'est pourquoi son penchant ne se laissera pas dévoiler avant que l'exception l'oblige, pour ainsi dire, à l'avouer. Si l'exception n'en a pas la force, alors elle n'est pas légitime ; pour cette raison, il est très sage de la part du général de ne rien laisser paraître prématurément. Quand le ciel aime un pécheur beaucoup plus que quatre-vingt-dix-neuf justes, le pécheur ne le sait pas depuis le début ; au contraire, il ne perçoit que la colère du ciel, jusqu'à ce que, finalement, il oblige en quelque sorte le ciel à s'exprimer.

À la longue, on se lasse de cet éternel badinage sur le général, encore et toujours lui, répété jusqu'à atteindre une fadeur lassante. Il existe des exceptions. Si l'on ne peut les expliquer, on ne peut davantage expliquer le général ; on ne remarque pas la difficulté, car l'on ne pense pas le général avec passion, mais avec une superficialité facile. En revanche, l'exception pense le général avec l'énergie de la passion.

En faisant cela, on voit apparaître alors un nouvel ordre des choses, et si la pauvre exception sert vraiment à quelque chose, elle revient à la gloire et à l'honneur, telle la jeune fille négligée dans le conte par quelque marâtre.

Un poète est une exception semblable, créant la transition vers les exceptions aristocratiques proprement dites, vers les exceptions religieuses. En général, un poète est une exception. Bien souvent, on se réjouit devant un tel personnage et devant ses créations. Aussi ai-je pensé qu'il pouvait valoir la peine d'aider une fois un tel être à voir le jour. Le jeune homme que j'ai aidé à naître est un poète. Je ne puis faire davantage ; tout au plus puis-je aller jusqu'à concevoir un poète et l'aider à éclore grâce au travail de ma pensée ; mais je ne puis devenir moi-même poète, mon intérêt se portant ailleurs. Je me suis occupé de ma tâche, d'un point de vue purement esthétique et psychologique. Je m'y suis placé[109] personnellement ; mais si toi, cher lecteur, tu y prêtes plus d'attention, tu verras aisément que je ne suis qu'un esprit secourable, et bien loin d'être cet indifférent que le jeune homme redoute. C'était un malentendu que j'ai provoqué, pour le faire ainsi éclore. Chaque geste que j'ai accompli n'avait pour intention que de l'éclairer ; je l'ai eu sans cesse *in mente*[110] ; chacune de mes paroles était soit ventriloquie, soit dictée en rapport avec lui. Même là où plaisanterie et espièglerie semblent s'en donner à cœur joie, tout à fait sans scrupules, il y a de la considération pour lui ; même quand tout finit dans la mélancolie, c'est un signe qui lui est adressé, le signe d'un état sommeillant en lui. Pour cette raison, tous les mouvements procèdent d'une manière purement lyrique ; ce que je dis, il faut le comprendre vaguement en lui ; mes paroles doivent aider à mieux le comprendre. Ainsi, j'ai essayé de faire tout ce que je pouvais pour lui, comme je m'efforce maintenant de t'être utile, cher lecteur, en essayant une nouvelle fois d'être un autre personnage.

La vie d'un poète commence par une lutte contre toute l'existence ; il s'agit d'abord de trouver un apaisement ou une légitimité ; car dans le premier combat, il est voué à perdre continuellement, et s'il veut vaincre du premier coup, sa vocation est illégitime. Maintenant, mon poète trouve précisément sa légitimité dans le fait que l'existence le consacre à l'instant même où il veut pratiquement se détruire. Son âme gagne alors un accent religieux. C'est ce qui, réellement, le transporte, et bien qu'elle ne perce jamais au grand jour. La joie dithyrambique qui imprégnait sa dernière lettre en est un bon exemple, car cette joie repose sans doute sur un sentiment religieux qui reste cependant une manifestation intérieure. Il cache son sentiment religieux comme un secret inexplicable, alors que ce secret l'aide à expliquer d'une manière poétique la réalité. Il explique le général comme une répétition, et pourtant il la perçoit lui-même d'une autre manière ; car tandis que la réalité devient répétition, pour lui, la répétition devient la deuxième puissance de sa conscience. Il a aimé, ce qui est l'essence même du poète ; mais cet amour est tout à fait ambigu : heureux, malheureux, comique, tragique. Du côté de la jeune fille, tout peut devenir comique, car lorsqu'elle était surtout affichée d'une façon sympathique, sa souffrance résidait pour une grande part dans la souffrance de la bien-aimée. Si, sous cet angle, il se trouvait alors dans l'erreur, l'élément comique devient dominant. S'il se regarde lui-même, alors le tragique apparaît ouvertement, comme lorsque, dans un autre sens, il conçoit l'idéal de l'être aimé au point de vue de l'idée. Il a conservé de son aventure amoureuse un idéal auquel il peut donner n'importe quelle expression, mais toujours en accord avec les dispositions de l'âme, car il n'a aucun fait auquel se raccrocher. Il possède alors un fait de conscience, ou plutôt il n'en a pas, mais une élasticité dialectique qui le rendra productif dans le domaine des dispositions de l'âme. Quand cette productivité arrive aux confins de son être, il est comme porté par quelque sentiment religieux inexprimable. Le mouvement en était là dans ses premières lettres, particulièrement dans certaines d'entre elles ; le mouvement approche de très près une issue véritablement religieuse ; mais à l'instant même où l'état de suspension provisoire est levé, il se reprend, mais comme un poète, et l'élément religieux s'effondre, c'est-à-dire devient comme un substrat inexprimable.

S'il avait eu un passé plus marqué par la religion, il ne serait pas devenu poète. Tout aurait pris une signification religieuse. L'aventure dans laquelle il s'empêtrait aurait eu alors un sens à ses yeux, mais le choc étant venu de sphères supérieures, il aurait alors eu aussi une tout autre compétence, acquise toutefois au prix d'une souffrance plus pénible ; il aurait alors agi avec une logique de fer et avec détermination ; il aurait conquis un fait de conscience auquel il aurait pu se tenir constamment, qui ne serait jamais devenu équivoque, mais pur sérieux parce que mis en lui en vertu d'une relation avec Dieu. Alors, toute la question du fini serait devenue indifférente ; la vraie réalité, au sens le plus profond, ne lui aurait fait ni chaud ni froid. Religieusement, il aurait vidé tout ce que cet événement comportait de conséquences terribles. Si la réalité se montrait être tout autre, cela n'aurait pas fondamentalement changé grand-chose, pas plus que le pire survenant ne saurait l'effrayer plus qu'auparavant. Il aurait alors compris, avec crainte et tremblement religieux, mais aussi avec foi et confiance, tout ce qu'il avait fait depuis le début, ce qu'il était par conséquent obligé de faire par la suite, même si ce devoir entraînait l'étrange. En revanche, pour le jeune homme en tant que poète, il est justement caractéristique qu'il ne puisse jamais correctement comprendre ses actes, car tant extérieurement que dans le visible, à la fois il veut et ne veut pas le voir, ou bien veut le voir, et pour cette raison veut à la fois le voir et ne pas le voir. En revanche, une personne croyante repose sur elle-même, et refuse tous les enfantillages de la réalité.

Mon cher lecteur ! Tu comprendras maintenant que l'intérêt tourne autour de ce jeune homme, alors que je suis un homme qui s'efface, telle une femme en couches devant le nouveau-né qu'elle a mis au monde. Il en va ainsi, car je l'ai pour ainsi dire enfanté et pour cette raison je prends la parole en tant qu'adulte. Mais la personnalité est une donnée de la connaissance, qui est nécessaire pour le forcer à se manifester, tandis que ma personnalité ne sera jamais capable d'aller là où il va, car l'immédiateté dans laquelle il pénètre constitue un second moment.

Aussi a-t-il été depuis le début en de bonnes mains, même si j'ai dû le taquiner souvent pour que sa vraie nature puisse être visible. Dès le premier coup d'œil, j'ai vu que c'était un poète, sinon au deuxième, je vis qu'une aventure qui serait restée bêtement insignifiante si elle était arrivée à un homme ordinaire prit chez lui l'ampleur d'un événement mondial.

Bien que je prenne souvent la parole, tu pourras, très cher lecteur (car tu t'y entends aux états et aux mouvements intimes de l'âme, et c'est pourquoi je t'appelle « cher »), tu pourras partout lire à son sujet. Tu pourras alors comprendre la diversité des transitions ; et si tu es de temps à autre surpris par tous ces sentiments s'abattant sur toi telle une douche, tu verras certainement ensuite que toutes les situations se modifient diversement, chaque chose en fonction de l'autre ; de même que tu verras que chaque état de l'âme est plutôt correct, ce qui est capital puisque le lyrique est aussi important ici. Peut-être te laisseras-tu une seule fois distraire par un trait d'esprit apparemment inutile ou par une bravade indolente, mais ensuite peut-être te seras-tu ainsi réconcilié avec toi-même.

Ton dévoué
Constantin Constantius

Notes

1. Kierkegaard, lors d'un précédent voyage, y avait commencé *La Répétition*.

2. C'est-à-dire la philosophie chrétienne.

3. Leibniz, *Théodicée* § 360.

4. Il s'agit de l'esthète A dans *Ou bien ... ou bien*.

5. Référence au célèbre castrat italien (1705-1782), entre autres représenté au Théâtre royal de Copenhague ; dans notre cas : répertoire du Théâtre royal n° 94, acte 3, scène 12.

6. Poul Møller (1794-1838), poète et philosophe, ancien professeur de Kierkegaard, qui l'appréciait beaucoup. Cette strophe est tirée du poème *Den gamle elsker* (« Le vieil amant »), vol. I, 2e édit., p. 22,1839-1843.

7. Un vivier avait été aménagé dans les douves du château ; la vente de tickets y permettait l'accès.

8. Voir *Vorrede zu den Fabeln*, in *Sämtliche Schriften*, Berlin, Stettin, 1825-1828.

9. Instrument chirurgical pour extirper les tumeurs.

10. Assurément, qui plus est.

11. Référence au *Don Giovanni* de Mozart.

12. Une réintégration dans l'état précédent.

13. Débordait. Voir le *Faust* I de Goethe, air de Marguerite : « Il était un roi de Thulé » (« *seine Augen gingen ihm über* »).

14. Un mile danois = 7,5 km.

15. Du grec *kinêsis*, mouvement, changement.

16. Passage d'une position à une autre dans la méthode de la dialectique hégélienne.

17. Dans ses *Miettes philosophiques* I, A, Kierkegaard renvoie à Platon (*Ménon*, 87b) ; idem, *Journal* de Kierkegaard (Pap. III, A,5).

18. Dans le cas présent, celle des Grecs, opposée à la conception moderne, chrétienne.

19. *Werke*, I, 467, éd. De Roth. Nous avons ici un exemple de l'humour de Kierkegaard, mélangeant allègrement tous les sons possibles du terme « répétition » en différentes langues.

20. *Kat'anthropon*, de façon humaine ; *kat'exochen*, de façon exceptionnelle.

21. Toutes sortes de langues, celle des sophistes, des jeux de mots, des Crétois et des Arabes, des Blancs, des Maures et des créoles, causant pêle-mêle critique, mythologie, faits et principes, argumentant tantôt à la manière des hommes, tantôt du point de vue de l'absolu.

22. Tage Algreen Ussing (1797-1878), professeur en sciences juridiques à l'université, membre actif de la société citée dont le but était de célébrer l'anniversaire de l'instauration d'une constitution des États.

23. Habitants de la presqu'île du Jylland qui avaient la réputation d'être passablement stupides.

24. C'est-à-dire à l'extérieur, sous la capote de la diligence.

25. L'église française et la nouvelle église.

26. Il avait changé.

27. Référence à *Ou bien... ou bien*.

28. Mercredi des Cendres.

29. Référence au mercredi des Cendres où le prêtre s'en saupoudre, ainsi que les fidèles, en disant : « Souviens-toi, homme, que tu es poussière, et tu retourneras à la poussière. »

30. Valet de place.

31. Le tout Berlin.

32. Le premier tunnel, creusé sous la Tamise, fut commencé en 1825 et ouvert le 25 mai 1843.

33. Deux guinguettes de Copenhague.

34. *Le Talisman*, farce-vaudeville en trois actes de Nestroy (1802-1862), acteur et auteur comique allemand très populaire.

35. Illustration de Daniel Chodowiecki, célèbre peintre et graveur polonais (1726-1801), existant aussi sous forme de gravure sur cuivre ; mais il ne s'agirait pas de Rome.

36. Référence à un article humoristique paru en 1827 dans le *Kjöbenhavns flyvende Post*, n°40.

37. Par là même.

38. Socrate dans le *Phèdre* 230a de Platon. Typhon, dans la mythologie grecque, né de la Terre (Gaia) et du Tartare, avait des formes mi-humaines et mi-animales.

39. Acteur célèbre (1803-1866), qui était doté d'un certain embonpoint propice à la farce. Grobecker (1815-1883) eut moins de notoriété.

40. Dans la critique de Ludlams Hule.

41. Dorénavant, Kierkegaard présente Beckman et Grobecker sous ces deux abréviations : B. et Gr.

42. Ancien médecin, d'où le titre de docteur. Il interpréta le rôle du marchand juif de Hambourg Salomon Goldkab dans la pièce citée, jouée de 1825 à 1839, au Théâtre royal de Copenhague.

43. Lorsqu'il tombe dans le marais avec son cheval.

44. Sur la gauche.

45. À cette époque, le patient était attaché sur le lit servant à l'opération.

46. Le poète J. Edwald (1743-1781) avait écrit dans le poème « *Paaskrift paa en kaffekande* » [Écrit sur une cafetière] : « Comme l'amitié, tu dois aussi, ô liqueur ! noble fruit du moka, être pure, chaude, forte et prise avec modération. »

47. Dans l'*Énéide IV*, 697, de Virgile, Didon ne pouvait mourir avant que Proserpine, reine du monde souterrain, ne lui ait arraché un cheveu.

48. Salomon, 19, 13.

49. Nature morte.

50. La célèbre allée berlinoise ; littéralement : « sous les tilleuls ».

51. Médecin et poète romantique (1786-1862). Il fournit à Schumann le sujet de certains de ses lieder.

52. Cf. le personnage de J. L. Heiberg dans *Kjöge Huskors*, scène 46.

53. Dans *Troïlus et Cressida*, acte I, scène 2, à propos des poils de barbe de Troïlus.

54. En français dans le texte. Cette expression est utilisée dans les jeux de cartes si l'on ne peut pas suivre la couleur demandée.

55. « La petite nonne arriva / vêtue d'un habit blanc comme neige ; / Ses cheveux étaient coupés, / sa bouche rouge était pâle. / Le garçon se laissa choir / il s'assit sur une pierre ; / Il pleura des larmes limpides/qui lui brisèrent le cœur. »

56. *Peisithanatos,* celui qui convainc de mourir, surnom du philosophe de Cyrénaïque, Hégésias (300 av. J.- C.)

57. Selon Suétone (*Vie des douze Césars*, VIII, chap. III,3), l'empereur Domitien s'enfermait chaque jour à des heures déterminées, chassant les mouches et les transperçant d'une pointe.

58. Kierkegaard fait ici référence à la « méthode objective » hégélienne ; cette notion était extrêmement négative (voir préface).

59. Exigence.

60. Philosophe grec du IIe siècle après J.-C. Démonax avait répondu un jour qu'il ne pourrait continuer à garder le secret des mystères car, s'ils étaient mauvais, il se devait de

déconseiller les gens de les suivre ; dans le cas contraire, il se devait de les recommander. Cf. également *Pap.* IV, A 39.

61. Nous avons ici, en demi-teinte, une allusion à la propre situation entre Kierkegaard et Regine Olsen, lorsqu'il rompit ses fiançailles.

62. Au mariage.

63. Personne représentant d'une façon satirique l'existence après la mort, tel Aristophane avec *Les Grenouilles*, ou Lucien dans le *Dialogue des morts*. Ici, Kierkegaard renvoie à H. L. Heiberg dans *En sjæl efter døden* [Une âme après la mort], comédie « apocalyptique » (in : *Nye digte*, 1841).

64. Docteurs appartenant à l'ordre de Frères quêteurs, ayant obtenu ce grade sur le continent, aussi appelés en Angleterre *Doctores cereati*. Les *doctores cerei* médiévaux (docteurs de cire ou faux docteurs) n'étaient que l'expression d'une forme de dérision.

65. Une autre affaire.

66. En une seule personne. Citation non identifiée.

67. Par le mariage.

68. Jeu de mots sur le sens habituel, faire des radotages (*ophævelser*) et l'emploi philosophique du terme chez Hegel (*aufheben*), où un concept inférieur peut s'annihiler dans un concept supérieur.

69. C'est-à-dire que Dieu ne peut se trouver nulle part.

70. Kierkegaard fit de même, écrivant de Berlin à son ami Boesen à Copenhague, le tenant au courant des faits et gestes de Regine, sans jamais la nommer.

71. Celui du 10 avril 1843, n° 85.

72. Ceux d'une maison d'éducation publique.

73. Vers tirés de Schack Staffeldt, « *Elskovsbaalet* » [Le feu de l'amour], in *Digte*, Copenhague 1843, éd. F.L. Liebenberg.

74. Les nuages vont de-ci de-là, / Comme ils sont las,

comme ils sont lourds ;/Soudain, ils se précipitent bruyamment,/ Les entrailles de la terre seront leur tombeau.

75. Prédication 12.1.

76. Job 29, 12-15.

77. Job 7-11.

78. Matthieu 23,14 et Job 29,12.

79. Job 33,12.

80. Job I,2.

81. Job 2,7.

82. Dérivé du hollandais *zielverkopper*, ce « commerce » particulier était le fait d'aubergistes qui équipaient, entretenaient des gens du peuple comme futurs matelots, moyennant une retenue sur leur salaire.

83. Cicéron, 30,84 : « *Pro roscio Amerino* ».

84. À qui cela profite-t-il ?

85. C'est-à-dire le mariage.

86. Personnage de l'auteur norvégien L. Holberg dans *Erasmus Montana*, 1731.

87. Il s'agit du catéchisme de l'évêque N. E. Balle, 1791, vol. 6, chap. 3.

88. En français dans le texte (entendre par là une perspicacité surnaturelle).

89. *Orchis conopsea*, plante médicinale utilisée en cataplasmes contre les refroidissements. L'image humoristique de Kierkegaard du « cataplasme de la main de Dieu » n'est pas loin.

90. Philosophe grec abandonné dans l'île de Lesbos sur la route de Troie ; piqué par un serpent, il était inguérissable, et ses compagnons ne pouvaient plus supporter ses cris.

91. Job, 16,21.

92. Job 2,13 ; 3,1.

93. Job 19,21.

94. Job 13,4.

95. Job 6,5.

96. C'est-à-dire la parole divine, son jugement, adressés aux hommes.

97. Cf. le sermon dans *Ou bien… Ou bien*, terminant la deuxième partie : « Le positif résidant dans cette pensée est que, contre Dieu, nous avons toujours tort. »

98. Quand la peine capitale d'un criminel était commuée en prison à vie.

99. Le pas suspendu.

100. C'est-à-dire devenir comme tout le monde.

101. Au repos.

102. Au Danemark, les milices bourgeoises servant à la défense en cas de conflit avaient un rôle davantage tourné vers la défense de la société en temps de paix (incendie, police).

103. Le texte portait originalement : « la petite table de l'amour » (jusqu'à 10x10), et « la grande table du mariage » (au-delà de 10x10).

104. Déesse grecque de la nativité.

105. Entre nous.

106. Clément d'Alexandrie (env. 200), père de l'Église grecque, conçut une forme d'enseignement du christianisme « camouflée », pour qu'elle ne soit pas déformée par les profanes. Cela sous-entend que Kierkegaard fit de même avec cet ouvrage qui concerne Regine et non le profane en puissance qu'est le lecteur.

107. Allusion ironique aux trois étapes hégéliennes : 1) position, 2) négation, 3) médiation, soit : thèse, antithèse, synthèse.

108. Luc, 15,17.

109. À prendre au pied de la lettre ; Kierkegaard signe si l'on peut dire son expérimentation, et avoue s'être mis en scène (« s'y être placé ») dans cet ouvrage.

110. Présent à ma pensée.

Table

Rivages poche /Petite Bibliothèque
Collection dirigée par Lidia Breda

L'Art de ne croire en rien (n° 392)	
Sefer Yesirah ou Le livre de la Création (n° 387)	
Giorgio Agamben	*Stanze* (n° 257) *Moyens sans fins* (n° 380) *Ce qui reste d'Auschwitz* (n° 390) *L'Ombre de l'amour* (n° 434)
Günther Anders	*Nous, fils d'Eichmann* (n° 426)
Apulée	*Le Démon de Socrate* (n° 110)
Hannah Arendt	*Considérations morales* (n° 181) *Le Concept d'amour chez Augustin* (n° 288) *Qu'est-ce que la philosophie de l'existence ?* (n° 400)
L'Arétin	*Sonnets luxurieux* (n° 192)
Aristote	*L'Homme de génie et la Mélancolie* (n° 39) *Rhétorique-Des passions* (n° 40) *Éthique à Eudème* (n° 129) *La Vérité des songes* (n° 162)
W. H. Auden	*Shorts* (n° 407)
Marc Augé	*L'Impossible Voyage* (n° 214) *Les Formes de l'oubli* (n° 333)
Augustin	*La Vie heureuse* (n° 261) *Le Bonheur conjugal* (n° 347)
Francis Bacon	*Sur le prolongement de la vie et les moyens de mourir* (n° 401)
Barbey d'Aurevilly	*Du dandysme et de George Brummell* (n° 233)
Bruce Benderson	*Pour un nouvel art dégénéré* (n° 259) *Sexe et solitude* (n° 335)
Walter Benjamin	*Je déballe ma bibliothèque* (n° 320)
Boèce	*Consolation de la Philosophie* (n° 58)
Georg Büchner	*Lenz* (n° 244)
Buffon	*Discours sur la nature des animaux* (n° 424)
Casanova	*Mon apprentissage à Paris* (n° 252)
Patrizia Cavalli	*Toujours ouvert théâtre* (n° 379)

Mme du Châtelet	*Discours sur le bonheur* (n° 221)
Malek Chebel	*Du désir* (n° 414)
Chesterfield	*Lettres à son fils* (n° 99)
Christine de Suède	*Maximes* (n° 200)
Claude Crébillon	*Lettres de la Marquise de M*** au Comte de R**** (n° 322)
Tullia d'Aragona	*De l'infinité d'amour* (n° 210)
Charles Darwin	*L'Expression des émotions chez l'homme et les animaux* (n° 351)
Mme du Deffand	*Lettres à Voltaire* (n° 139)
Erri De Luca	*Un nuage comme tapis* (n° 176) *Rez-de-chaussée* (n° 191) *Alzaia* (n° 382)
Alfred Döblin	*Sur la musique* (n° 386)
John Donne	*Méditations en temps de crise* (n° 365)
Maître Eckhart	*Du détachement* (n° 143) *Conseils spirituels* (n° 408)
Umberto Eco - Cardinal Martini	*Croire en quoi ?* (n° 238)
R. W. Emerson	*La Confiance en soi* (n° 302)
Épictète	*Manuel* (n° 132)
Euripide - Sénèque	*Médée* (n° 211)
Ennio Flaiano	*Journal des erreurs* (n° 275)
Charles Fourier	*Des harmonies polygames en amour* (n° 417)
S. Freud - S. Zweig	*Correspondance* (n° 166)
H. G. Gadamer	*L'Héritage de l'Europe* (n° 429)
Goethe	*Maximes et réflexions* (n° 343)
W. Gombrowicz	*Cours de philosophie en six heures un quart* (n° 1
Baltasar Gracián	*L'Art de la prudence* (n° 116)
Henrich Heine	*Idées. Le Livre de Le Grand* (n° 437)
Hésiode	*Théogonie- La naissance des dieux* (n° 83)
Hippocrate	*Sur le rire et la folie* (n° 49) *Airs, eaux, lieux* (n° 174)

H. von Hofmannsthal	*Lettre de Lord Chandos* (n° 312)
	Chemins et rencontres (n° 396)
F. Hölderlin	*Poèmes* (1806-1843) (n° 352)
Horace	*Vivre à la campagne* (n° 344)
Jahiz	*Éphèbes et courtisanes* (n° 231)
Jean	*Apocalypse* (n° 165)
	Évangile (n° 321)
Jean Chrysostome	*De l'incompréhensibilité de Dieu* (n° 317)
Jean Paul	*Être là dans l'existence* (n° 239)
Hans Jonas	*Le Concept de Dieu après Auschwitz* (n° 123)
	Le Droit de mourir (n° 196)
	Pour une éthique du futur (n° 235)
Franz Kafka	*Réflexions sur le péché, la souffrance, l'espérance et le vrai chemin* (n° 334)
Stephen Karcher	*Yi king* (n° 247)
S. Kierkegaard	*Johannes Climacus ou Il faut douter de tout* (n° 223)
	Crainte et tremblement (n° 291)
	La Répétition (n° 413)
P. Klossowski	*La Monnaie vivante* (n° 230)
Karl Kraus	*La Littérature démolie* (n° 92)
	Cette grande époque (n° 294)
Mme de Lambert	*De l'amitié* (n° 268)
François de La Rochefoucauld	*Maximes et mémoires* (n° 345)
S. J. Lec	*Nouvelles pensées échevelées* (n° 306)
J. M. R. Lenz	*Cours philosophiques pour âmes sentimentales* (n° 325)
G. Leopardi	*Philosophie pratique* (n° 258)
E. Levinas	*Quelques réflexions sur la philosophie de l'hitlérisme* (n° 226)
	Éthique comme philosophie première (n° 254)
G. C. Lichtenberg	*Pensées* (n° 283)
Lie Zi	*Du vide parfait* (n° 263)
Prince de Ligne	*Pensées, portraits et lettres* (n° 381)
Longin	*Du sublime* (n° 105)
Adolf Loos	*Ornement et crime* (n° 412)
Lucien	*Philosophes à vendre* (n° 72)
A. Machado	*De l'essentielle hétérogénéité de l'être* (n° 391)
Gabriel Matzneff	*De la rupture* (n° 298)

F.-A. Paradis de Moncrif	
	Essais sur la nécessité et sur les moyens de plaire (n° 364)
Montaigne	*De la vanité* (n° 63)
	L'Art de conférer (n° 330)
Montesquieu	*Essai sur le goût* (n° 96)
André Morellet	*De la Conversation* (n° 169)
F. Nietzsche	*Dernières lettres* (n° 70)
	Ainsi parla Zarathoustra (n° 394)
D. Noguez	*Les Plaisirs de la vie* (n° 353)
	Comment rater complètement sa vie en onze leçons (n° 438)
Ortega y Gasset	*Le Spectateur* (n° 80)
Ovide	*Amours* (n° 202)
Martin Palmer	*Le Taoïsme* (n° 222)
Pascal	*Pensées sur la politique* (n° 75)
	L'Art de persuader (n° 330)
Fernando Pessoa	*Fragments d'un voyage immobile* (n° 42)
	Lettres à la fiancée (n° 43)
Pétrarque	*Mon secret* (n° 52)
	La Vie solitaire (n° 266)
	Contre la bonne et la mauvaise fortune (n° 36
Enea Silvio Piccolomini (Pape Pie II)	
	Lettre à Mahomet II (n° 393)
Plutarque	*Comment tirer profit de ses ennemis* (n° 103)
	Comment écouter (n° 150)
	La Sérénité intérieure (n° 336)
	Manger la chair (n° 395)
Karl R. Popper	*Des sources de la connaissance et de l'ignorance* (n° 241)
Félix Ravaisson	*De l'habitude* (n° 208)
Jacques-Antoine de Révéroni Saint-Cyr	
	Pauliska ou *La Perversité moderne* (n° 361)
R. M. Rilke	*Journal de Westerwede et de Paris,* 1902 (n° 40
Lalla Romano	*J'ai rêvé de l'Hôpital* (n° 272)
Rosvita	*Résurrection de Drusiane et de Calimaque* (n° 37
J.-J. Rousseau	*Émile et Sophie* (n° 127)

R. Sánchez Ferlosio	*Nous aurons encore de mauvais moments* (n° 287)
Pierre Sansot	*Du bon usage de la lenteur* (n° 313)
	Chemins aux vents (n° 388)
Fernando Savater	*Pour l'éducation* (n° 314)
K. G. Schelle	*L'Art de se promener* (n° 187)
Arthur Schnitzler	*Lettres aux amis* (n° 45)
	Relations et solitudes (n° 51)
	La Transparence impossible (n° 68)
G. Scholem	*Benjamin et son ange* (n° 158)
Schopenhauer	*Douleurs du monde* (n° 57)
	Essai sur le libre arbitre (n° 66)
	Contre la philosophie universitaire (n° 113)
C. M. Schulz	*La vie est un rêve, Charlie Brown* (n° 368)
	Lucy psychiatre (n° 369)
	Courage, Charlie Brown (n° 402)
	Il est temps de changer, Charlie Brown (n° 403)
	Il était une fois, Charlie Brown (n° 430)
Sénèque	*De la tranquillité de l'âme* (n° 48)
	De la brièveté de la vie (n° 53)
	Consolations (n° 60)
Georg Simmel	*Philosophie de l'amour* (n° 55)
	La Tragédie de la culture (n° 86)
	Michel-Ange et Rodin (n° 180)
Peter Sloterdijk	*Dans le même bateau* (n° 420)
Mme de Staël	*De l'influence des passions* (n° 299)
Italo Svevo	*Dernières cigarettes* (n° 311)
Jonathan Swift	*La Bataille des livres et autres essais* (n° 419)
Jacob Taubes	*En divergent accord* (n° 425)
Thérèse d'Avila	*Le Château intérieur* (n° 248)
Chantal Thomas	*Comment supporter sa liberté* (n° 297)
	Sade, la dissertation et l'orgie (n° 384)
F. de Towarnicki	*Martin Heidegger* (n° 385)
M. Tsvétaïéva	*Après la Russie* (n° 89)
J. Van de Wetering	*Un éclair d'éternité* (n° 278)
	Le Miroir vide (n° 310)
	L'Après-zen (n° 421)
Oscar Wilde	*La Vérité des masques* (n° 346)
Xénophon	*L'Économique* (n° 145)

Achevé d'imprimer sur rotative
par l'Imprimerie Darantiere à Dijon-Quetigny
en août 2003

Dépôt légal : août 2003
N° d'impression : 23-0604

Imprimé en France